鎌倉の海が見渡せる高台にある真っ白な3
階建ての家で私たちは鎌倉スローライフ
を満喫しています。

家から歩いて3分以内のところにある海岸で
いつも気分をリフレッシュしています。

リビングにあるソファは我
が家のペットの憩いの場。

笑顔が幸せを運ぶ
365日のていねいな暮らし方

yumi
〜たろたんママ〜

KADOKAWA

はじめに

この本を手に取っていただき、ありがとうございます。

鎌倉在住、ｙｕｍｉです。

よく私たちのＹｏｕＴｕｂｅなどのＳＮＳをご覧になっている皆さんには、「たろたんママ」「ママ」と呼ばれております。

約３年前に息子の太郎がはじめたＴｉｋＴｏｋ「たろたん【僕はタワマンに住む慶應生】」を皮切りに、主人が「俺もやる」とＴｉｋＴｏｋ「妻と僕の３６５日～鎌倉スローライフ」を開始し、息子がＹｏｕＴｕｂｅ「たろたん」の配信をスタート。そして、主人が娘の彩にそそのかされ（笑）、はじめたＹｏｕＴｕｂｅ「鎌倉スローライフ」。

気がつけば、家族全員がYouTubeやSNSを……。

家族、夫婦、そして兄妹をテーマに配信を続けていたら、今や家族の総フォロワー数が70万人超えに……。

正直、とても驚いています。


そんな折、一通のメールが。

書籍出版元のKADOKAWAさんから、「書籍を出版しませんか?」と。

私にとっては「青天の霹靂《へきれき》」。

まさか、でした。

主人は私をからかうかのように、「ママにはいつか、こういうお話がくると思っていたよ。ハハハハ」。

そして主人が私に投げかけたのは「やりなよ! きっと大勢の皆さんに喜んでいただけるはずだから!」という言葉。

迷いに迷いました。でも、もしかしたら、主人が言うように、喜んでくださる方がいるかもしれない。

でも、私の取り柄って？？？

ＹｏｕＴｕｂｅやＳＮＳなどの配信に携わっている中で、ご覧になっている皆さんからは、

「たろたんママの笑顔の秘訣は？」

「日々、にこやかに暮らす心構えを知りたい」

といった質問を多く頂戴《ちょうだい》します。ということは、ひょっとしたら、鎌倉での暮らしや家族、大切な人との接し方、日々心がけていることなど、普段私が何気なくしていることが、どなたかの参考やヒントになるかもしれない。

そう思うようになり、今回のお話を受けさせていただくことになりました。

本書のタイトルにも入っている「笑顔」は、私が日ごろ最も大事にしていることです。

いつでも笑顔でいることで、時に心の中に生じるイライラやモヤモヤした気持

ちさえも少しずつ浄化させていくことができます。たとえ困難な出来事に遭遇したとしても、一度深呼吸をして口角を上げ、笑顔になることで、前向きな気持ちに変化していきます。

常に笑顔で自分自身を「整える」。

イライラしたり、怒ったり、批判したりするのではなく、常に穏やかな笑顔で、心のこもった優しい言葉を発していきたいと心がけています。

何より、私が笑顔でいることで、自分だけではなく「周り」も幸せになれることが一番大切だと思っています。

私の宝物である「家族」。妻として、母親として、主人や子どもたちがいつもホッとした気持ちでいられる存在でありたいと考えています。

「たおやか」な日々を積み重ねていく。

そんな「幸せ」を運んでくれるのが「笑顔」なのだと実感しています。

この本が、皆さんの暮らしを少しでも明るく、穏やかにしていくための一助になれば、うれしいです。

『笑顔が幸せを運ぶ。』
一緒に、幸せをいっぱいつくりましょう。

2024年5月18日「結婚式記念日」
鎌倉の海と富士山を望む自宅テラスにて。

yumi

目次

prologue

鎌倉スローライフまでの道のり

chapter

1

笑顔ではじまる軽やかな1日

chapter 2

たおやかなときが流れる鎌倉ライフ

chapter

3

母として、妻として。家族との向き合い方

chapter 4

何事も2人でいれば乗り越えられる

chapter

5

今日からはじめられる幸せな毎日

デザイン
bitter design

DTP
三光デジプロ

校閲
文字工房燦光

編集協力
福島結実子

編集
根岸亜紀子（KAKOKAWA）

prologue

鎌倉スローライフまでの道のり

平凡な人生から一転、波乱万丈の生活の幕開け

本書では、現在の私が暮らしの中で心がけていることを中心に、穏やかでていねいな日々を重ねるために、家族との向き合い方や家事、人との関わり方など思考も含め紹介させていただきたいと思います。

そのために、まず、私という人間がどういう環境で育ち、現在に至るまでどんな人生を歩んできたのかを、簡単に紹介させていただきます。

私は1970年、宮城県の古川（現・大崎市）にて、公務員兼業農家の父と母の間に3人きょうだいの末っ子として生まれました。

生まれ育った古川は宮城県の県北に位置し、農業が盛んな地域。父は農家を営

む母の家に婿入り。私たち家族と祖母の二世帯で暮らしていました。

実家は本家的な家でもあったため、人がよく集まりました。家に帰るといつも近所の人が居間でお茶を飲みながら談笑していて、賑やかな環境で過ごしていました。

子どものころの私は、よく田んぼや畑仕事のお手伝いをしていました。

近所の方たちとお話をするのも、田んぼや家事の手伝いをするのも、祖母や親に言われたからというのではなく、むしろ自ら進んでやっていました。たぶん私は子どものころから家のことをするのが好きだったのだと思います。

高校卒業まで実家暮らし。短大への進学を機に、初めて仙台でひとり暮らしをすることになりました。

通っていたのは宮城学院女子短期大学、家政科。

今思えば、花嫁修業をしに短大へ進んだようなもの。お友だちと遊んだり、アルバイトしたりと、ごくごく普通の女子学生でした。

そのころ、叔母のすすめではじめたのが、モデルのお仕事でした。

動機は「ギャラがよい」ということ（笑）。

短大卒業後も、モデルのお仕事とアルバイトの毎日。

仙台のデパートの広告モデルや東北各地のホテルの広告モデルなど、さまざまな体験をさせていただきました。


20歳を過ぎたある日のこと、モデルとして出演したイベントで、私の人生を大きく変える「ある出会い」が……。

そう、のちに主人となる男性と出会ったのです。

これが、「波乱万丈」人生の幕開けとなりました（笑）。


主人は1965年生まれ、私より5歳上。

小学3年生のときにご両親が離婚し、母子家庭で育ちました。

生活環境は厳しく、ひとりっ子の主人は、心も貧しい幼少期を過ごしたと語っています。

小学校では4回も転校し、いつもひとり。中学生になると新聞配達をして生計を助けました。そして高校で「デビュー」(笑)。

夜な夜なディスコへ繰り出し、補導歴は20回ほど。

その後、18歳で上京し、「成り上がってやる」を心に強く秘め、フリーターをしながら世に出るチャンスを窺っていました。

ですが、6年後に「夢破れ、都落ち」(本人談)し、故郷・仙台へ。

そして、とある広告代理店に就職します。

私と出会ったのは、その矢先のことでした。

3畳一間、無一文からスタート

「成り上がる」が口ぐせの主人と、平凡な暮らしを求める私。

主人と私は、育った環境も、金銭面も、思想も、すべてが正反対でした。

そんな2人が生涯を共にしているのですから、不思議なものです。

主人と出会い、お付き合いがはじまって1か月くらいしたころ、主人が私の住んでいたアパートに転がり込んできました。

こうして突然、同棲がはじまったのです。

さらに1か月経ったころ、主人が私の両親に挨拶に出向きます。「結婚を前提に」と。彼は何事も即断即決でした。

それからさらに2年ほどして、主人はそれまで勤めていた広告代理店を辞めて、起業をしました。そのまま会社にいれば安定した生活が手に入れられたと思いますが、「成り上がる」ことを目指していた彼にとって、起業することは必然事項だったのです。

主人の起業を機に私はモデルの仕事を辞め、すぐそばでサポートするため経理や事務の仕事を一から学びました。

主人27歳、私22歳。

あのころは本当にお金がありませんでした。

まずは「食べていけること」を目標に、2人で徹夜、徹夜、の毎日。

お金なし、外食なし、遊びなし。

お財布に500円しか入っていないこともありました。そんな明日をも知れぬ身で、生きるか死ぬかといってもいいくらい。でも、なぜか苦痛はなく、今思えば、楽しい日々でした。

無一文、3畳一間のオフィスからスタートし22年、会社を「業界・東北一」にまで成長させたところで、主人は49歳のときに突然サラッと会社を売却し、引退しました。

さながらジェットコースターのような激動の22年間。

私の母が亡くなる直前、主人にかけた言葉は忘れられません。

「無一文から、よくがんばったね」

私もそう思います。

このひと言で、主人は過去の苦労がすべて報われたそうです。

主人はぶれることなく、22年間、走り続けました。

常に正面突破。自分を信じ、「がむしゃらにやるとは、こういうことだ」と常に体現しているようなところがありました。

どん底の地獄も見て、頂点の天国も見て、そして今度は「自由人」。

風雲児だった主人。いつも自分の美学を貫く彼の人生は、波乱万丈そのものです。それに私もお供しました（笑）。

自分らしく羽ばたく2人の子ども

何事にも情熱的で猪突猛進で人生を切り開いていく主人と結婚し、ジェットコースターのような人生を共に歩んでいた中で、私は2人の子どもを授かりました。

長男の太郎は、幼少のころは病気がちでした。特に、アトピーと喘息がひどく、小学生で完治するまでは、治療やケアが大変でした。また他の疾患で2度も入院し、手術も経験しました。

性格は優しくて、マイペース。緊張すると、すぐおなかを壊します。ひとつのことにハマったらとことん突き詰める一方、飽きるのも早い。いったい誰に似たのでしょう……(笑)。

今は、「たろたん【僕はタワマンに住む慶應生】」を運営するＹｏｕＴｕｂｅｒとして活動しています。彼は慶應大学が好きなのか、長いこと慶應生です。

妹の彩は体育会系で起業家タイプ。

「やる」と言ったら必ずやり遂げるところが主人そっくりです。負けず嫌いで、でも、いつも笑顔。夢多き女子でもあります。

そんな子どもたちは、ただいま、「修行」という名の「世界一周ひとり旅」の最中です。

以前から「世界中を旅したい」と言っていた2人。

「子どもたちには広い世界を、その目で見てほしい」と言っていた主人が背中を押し、２人共自分の全財産を投資して世界一周へと旅立ちました。

「鎌倉スローライフ」に込めた思い

私は現在、54歳。

主人と2人、鎌倉の稲村ヶ崎に住んでいます。

仙台から移住してきたのは5年ほど前のこと。

会社を売却し、引退した後、「新しい冒険」を人生のテーマとして、移住を決めました。

海のそばの小高い丘に建てた、私たち2人の白いおうち。

大きな窓から望むのは、海と富士山と江ノ島、そして鎌倉の山や森。

テラスに出れば、四季折々の鎌倉の風や音色が感じられます。

そこで、世界で一番小さな、そして世界で一番大切な「夫婦というコミュニテイ」を楽しんでいるのが、私たちの現在です。

私たちのYouTubeチャンネルに主人が名付けた「鎌倉スローライフ」。そこには私たち夫婦の「世界観」があります。

今日も笑顔で。今日もたおやかに。そして今日も幸せに。

次章からは、そんな私の365日の暮らし方や日ごろから心がけていることなどを、少しずつお話ししていければと思います。

chapter

1

笑顔ではじまる軽やかな1日

ポジティブな自分に出会う朝のルーティン

朝は食事の用意や身支度、洗濯など何かとバタバタしがちな時間帯。ゆったりと過ごせたら、たしかに心地よい1日をスタートできるのだろうけど、そんな余裕はない。ましてや、モデルや女優の方々が紹介しているような優雅な時間を持つなんて、とうてい無理と思う人も多いでしょう。

その気持ちよくわかります。でも、ほんの少し早起きして、心と時間にちょっとゆとりを持たせるだけで、穏やかな1日を過ごすことができるようになります。

そこで、心地よい日々を過ごすために私が実践している朝のルーティンを紹介させていただきます。

基本、朝はいつも6時くらいに起床しています。実は、前の日がどんなに遅くても、気がつくと6時には目が覚めてしまうのです。たぶん、長年の習慣が体に染みついているからなのかもしれません。

そして1日のはじまりとして、毎日欠かさず行っているのが、神棚に手を合わせ、仏壇にお供えをし、お線香をあげること。これは、仙台に住んでいたころからずっと続けている大切な儀式のようなもの。

とはいえ、神棚や仏壇に対する意識は、20代の前半まで、まったく頭にありませんでした。

でも、20代後半のときにある方から「ご先祖様にきちんと手を合わせていますか？　大切なことですよ」と教えていただいてから、考えが一変。

日常的にご先祖様に手を合わせられるよう仏壇を据え、また、主人が事業を営むうえでは神様に祈ることも大切だという思いから、会社だけでなく家にも神棚を設え、毎朝手を合わせるようになりました。

ちなみに、神棚にお供えしているお榊、お神酒、お塩、お米は、毎月1日と15日に交換しています。


神棚への礼拝について、以前、こんな話を聞いたことがあります。

右手は相手（神仏）、左手は自分であり、「手を合わせる」とは、この両者こころをひとつにすることなのだと。

それ以来、手を合わせると、手の平がほんのりと温かくなる感覚があります。手の平と一緒に心まで温かくなり、見えない力に守られている気もして、ますます「手を合わせる」という動作が好きになりました。

といっても私は、特定の宗教を信仰しているのではなく、特に信心深いわけでもありません。

毎朝、仏壇と神棚に手を合わせるのは、特定の神様へというよりは、いつも自分たちのことを気づかってくれている周囲の人々や、日々健康に過ごせていることへの感謝の気持ちの表れ。そして今日も1日健やかに過ごせるようにと自分自身に向かって、手を合わせているような意識です。

自分の日ごろの反省を述べてから、最後に「今日も心を込めてていねいに過ごさせていただきます」といった感じです。

私にとっては、朝一番にキリッと気持ちを引き締め、一日を前向きに過ごすための大切な習慣になっているのです。

こうして心を引き締めてからが1日のはじまりです。

神棚と仏壇に手を合わせたら、キッチンで白湯を沸かしてゆっくり飲み、それからコーヒーを淹れています。お気に入りはほーむず珈琲の薪焙煎コーヒー。毎日、旅先で買い集めたコーヒーカップの中から、気分に合わせて「今日はどのコーヒーカップで飲もうかな」と考えるのが、朝の楽しみのひとつ。

淹れたてのコーヒーをテラスに運び、主人と一緒に、四季折々に変化する鎌倉の海を眺めながら楽しむのが至福のひとときになっています。

その後、リビングにマットを敷いてヨガポーズを取り入れたストレッチ。時間にして15～20分程度ですが、毎朝続けています。ヨガは教室などに通ったことはなく、モデルSHIHOさんが著者となって発売された『おうちヨガ SHIHO meets YOGA』（ソニー・マガジンズ）に付いているDVDを観ながら、独学ではじめたものです。

1日のはじめに、ほんの数十分でも体をストレッチして体内の循環を整えると、それだけで身も心もシャキッとしてきます。可動域が広がって体を動かしやすく、1日が軽やかに過ごせます。何より続けるうちに、いつの間にか冷え性が改善されました。ストレッチをすることで寒い冬の日も快適に過ごせるようになりました。大切なのは習慣化させること。だから私は365日続けることを心がけています。

日々の掃除が心を前向きにしてくれる

我が家には犬が2匹と猫が2匹います。朝の犬のお散歩は主人の役割。その間、私は、ざっと家全体を掃除します。

いつでも静かに過ごすことを好む主人は、掃除機の音を嫌がります。だから、掃除は必ず主人の留守中に。「気遣い」と言えるほどのことではありません。夫婦2人で平穏に過ごすための、ちょっとしたマイルールと言ったらいいでしょうか。

掃除で特に念入りにしているのは水回り。

特にトイレはいつもピカピカに保っています。

少し前にトイレブラシを断捨離してからは、トイレの床も便器も、シートタイプのトイレクリーナーを使い、「素手」で。便器の内側も、です。

そのほうが、トイレと一緒に心までスッキリして、きれいに磨き上げられる気がします。

びっくりされたかもしれませんが、私は「トイレには神様がいる」という思いで感謝しながら掃除をしています。だから、「汚い」とは感じません。

そもそも毎日マメに拭き上げていれば、日本のトイレはたいてい、きれいな水が流れているわけですし、実際、ぜんぜん汚くないはずなのです。なので、念入りなお掃除は必要がなく、時短になります。

毎日、家全体を掃除するなんて、大変と思う方もいらっしゃるかもしれません。でも私の場合は、今日はここ、明日はあそこ、というように違うことをするよりも、毎日、同じように家全体を掃除するほうが向いているようです。ルーティン化したほうが疲れを感じづらいのかもしれません。

それに、もともと家を整えるのは好きなので、掃除や片付けをしている間、心がスッキリして前向きに整えられるのを感じます。自然と笑みがこぼれるのです。

シンプルに飾らない食生活

ＹｏｕＴｕｂｅチャンネルやＩｎｓｔａｇｒａｍを見てくださっている方は、私たちがいつもおいしいレストランで食事をしていると思うかもしれませんが、実は、ごくたまに外食を楽しむくらいです。

4年ほど前に仙台から移り住んだ鎌倉は、観光スポット周辺を少し外れると、ぐんと飲食店が減ります。これも、あまり外食をしない理由のひとつですが、それ以上に、2人共家で過ごすのが好きなのです。

毎日の食事はシンプルそのもの。

朝は、果物と野菜のスムージーで軽めに。ジューサーにバナナと小松菜、夏はオレンジ、冬はリンゴなどの旬の果物、ヨモギパウダー、はちみつ、成分無調整の豆乳などを入れて攪拌するだけ。一瞬で出来上がります。

前夜に食べ過ぎてしまったときなど胃が重たく感じる朝は、私は「具なしの味噌汁」を飲むこともあります。お出汁に生姜の粉末、れんこんパウダーを加え、味噌を溶いたものなのですが、胃がじんわりと温まって癒やされます。

昼食には、主人の希望でパスタ料理をつくることが多いです。

パスタといっても、使っているのは、タンパク質に富む黄えんどう豆を原材料とする「ゼンブヌードル」。

ストイックに小麦製品を避けているわけではありませんが、毎日のように食べるパスタ料理ではグルテンフリーを心がけています。

グルテンフリー麺には他にもさまざまな種類がありますが、ゼンブヌードルはオイル系、クリーム系、トマト系、すべてと相性よし。小麦粉のパスタに遜色ないくらいおいしいので愛用しています。

そして夕食は、「ま・ご・わ・や・さ・し・い（まめ類・ごま＝種実類・わかめ＝海藻・やさい・さかな・しいたけ＝きのこ類・いも類）」を意識した一汁三菜。

素材のおいしさを味わうために、私がこだわっているのは調味料。ミネラルが豊富な天然塩はお肉やお魚にかけるだけで深みのあるある味わいが楽しめます。また、新鮮なオリーブオイルは野菜にかけて食べれば、野菜が持つ栄養成分の吸収を高めることができるだけでなく、美肌やアンチエイジング、生活習慣病の予防などへの効果が期待できるといわれています。毎日の食事に欠かせないものだからこそ、調味料はしっかりこだわりたいと思っています。

鎌倉に越してきてからは、近所の直売所や八百屋さんで買える、旬の地もの野菜をふんだんに取り入れています。「鎌倉野菜」とも呼ばれているのですが、それが新鮮で味が濃く、おいしいのです。

夏はなすやトマト、とうもろこし、冬には大根、かぼちゃ、ほうれん草と季節に合わせて地元で取れた旬のものをいただくだけで、体の中から元気になる気がします。

主菜には、なるべく魚料理を。やはり地のものをよく使います（もちろんお肉も大好きです！）。

大きなスーパーに行けば何でも手に入りますが、私が好んで買い物をするのは地元の個人商店。

大量に仕入れるぶん安価な大手スーパーより、個人商店のほうが割高になりがちです。でも、ちょっとくらい高くても、地元密着型でなるべく地のものを扱っている人たちから買いたいと思っているのです。

ちなみにご飯は、私は玄米、主人は白米です。

モチモチとして食べごたえのある玄米、私は好きなのですが、主人は断然、ふっくらと柔らかく甘い白米派。

同じ食卓についていても、まったく同じものを食べているわけではないので、夫婦としては少し変わっているのかもしれません。でも、それでいい、それがいいと思えるのが、私たち夫婦のスタイルです。

いい姿勢が美と健康をつくる

年を重ねるほどに、美容にも健康にも気を遣いたいもの。

でも、なかなかそのための時間を取れないのも事実。私自身、朝のストレッチと、2～3日おきの夕方の縄跳び以外、何もしていません。

そんな中、時間もお金もかけず意識ひとつで改善できて、それが美と健康に直結すると実感しているのが、「姿勢」です。

姿勢を正す。たったこれだけのことで、体全体が引き上がって、見た目の印象はガラリと変わります。

それに、体幹を使って体を支えるため、首や腰に余計な負担がかかりません。

おかげで、首痛、肩こり、腰痛などの不調が起こりづらくなったり、そもそも疲れにくくなったりと、いいことずくめ。体の内側の筋肉を適度に使って姿勢を保つことで、ポッコリお腹が解消してしまうことも多いようです。

私が最初に姿勢を意識したのは、19歳のころ。思えば、もうずいぶん前のことです。きっかけは、軽い気持ちでモデル事務所に登録したこと。モデルとして人前に立つのなら、少しは立ち姿やしぐさを磨いたほうがいいのではないか……と思っていました。そんな矢先、たまたま新聞で、女性のための美のレッスンの記事を目にして、受講してみることにしたのです。

レッスン内容は、ウォーキング、女性らしい美しいしぐさや身だしなみ、メイクなど。背筋がすっと伸びた美姿勢の意識は、ウォーキングのレッスンで教わりました。

私にとっては、ほとんど意識してこなかったことばかり。すべてが新鮮で、全6回と短期間でしたが、楽しく通ったことが懐かしく思い出されます。

今、特に「いい姿勢を保とう」とがんばっている意識はありません。

それでも「姿勢がいいですね」と言われることが多いのは、あのとき教わったことが今も生きているということでしょう。

三つ子の魂なんとやら——ですが、最近、また正しい姿勢や歩き方がよくわからなくなってしまい、なんと34年ぶりに同じ先生に習いに行きました。

改めて習ってみると、やはり知らないうちに巻き肩になっていたり、歩くときに重心がズレていたり、股関節がうまく使えていなかったり……と、いろいろな課題が見つかりました。

それでも1時間ほどレッスンを受けると感覚がまったく違いました。

体全体が引き上がったような感じで、何時間でも歩いていられるのではないかというくらい、体が軽くて楽なのです。呼吸が入りやすくなって、体のめぐりがよくなった気がしました。

姿勢も歩行も日常的なものです。正しい姿勢、正しい歩き方を身につけるだけで、肩こりや腰痛が改善したり肥満防止になったりと、全身の美容・健康効果が長く続き、女性としての自信も持てる気がしました。

現に、私が習いに行った先生は現在60歳過ぎ。背筋が伸びて歩き方も美しく、凛としていて、とても素敵なのです。

一度、レッスンを受けるだけでも大違い。おすすめです。

そしてもうひとつ、姿勢について思い当たるのは、常に適度な緊張感をもって暮らすこと。

主人も私も、ゆったり、のんびり過ごすのは大好きです。でも姿勢を崩してダラダラするのは、あまり好きではないのです。

緊張感なんていうと、いつも気を張っているかのようなイメージを抱かれるかもしれませんが、それとは違います。

気持ちにハリはあっても、張り詰めてはいない。

凛とした気持ちで姿勢を常に正し、生活を営む。

そんな心地よい緊張感なのです。

スキンケアもメイクもシンプルに

世の中には、美容でもおしゃれでも、たくさん自分に手をかけてあげることで幸福感に満たされる人もいれば、自分にとって余計なものを削ぎ落としていった先にあるシンプルさを、心地よく感じる人もいるでしょう。

私の場合は後者です。

日ごろ心がけていることは、ただひとつ。

「身も心も軽く、自然体で」ということ。

ですからスキンケアもメイクも、特別なことは何もしていません。

朝は、泡立つポンプ式の洗顔ソープで顔を洗い、化粧水、美容液、アイクリーム、そして乳液で蓋をする。これでおしまい。

若いころは肌が敏感で荒れやすかったので、なるべく天然素材のものを選んでいました。でも年を重ねるにつれて、不思議と敏感肌が軽減されてきたので、今は、それほど成分に気を遣わなくてもよくなっています。

ただ、少し前に60代ですごく肌がきれいな方に出会ったときには、思わず、「基礎化粧品は何を使っていますか?」と聞いてしまいました。

その方が教えてくれたのは、「メルヴィータ」のブースターオイル。

さっそく同じものを試してみたら、肌にすっと馴染み、香りも好みだったので、それ以来、愛用しています。

特に朝、洗顔後に使うと気分がシャッキリする感じがして、気持ちよく1日をスタートする助けになってくれる気がします。

洗顔と基礎的なお手入れが済んだら、特に外出する予定がなくても、メイクをします。やはり、ごくシンプルに。

日焼け止め、下地、クリームファンデーションでベースを整えたら、アイブロウペンシルで眉を整えておしまいです。

自然な目元が好みなので、アイライン、マスカラは使いません。

というわけで、正味5分ほどで済んでしまうナチュラル&シンプルメイクをすることが多いのです。

シミやシワが気にならないかといったら、もちろん、少しは気になりますね。

でも、これらをネガティブに捉えて、隠すためにいろいろと塗り重ねるよりは、むしろシミやシワがあってもナチュラル&シンプルで、身軽でいたいと思っています。

「今の雑事」は「少し先の小さな幸せ」を招く準備

家事は毎日のこと。忙しかったり疲れていたりすると、「面倒くさいなあ」「やりたくない」と思ってしまうこともあるでしょう。

いったん「面倒くさい」と思うと、すべてが嫌になって、何も手につかなくなってしまいそうです。

そうなる前に、より前向きに家事に取りかかれるよう、ちょっとした気持ちの切り替えができるといいですね。

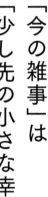

部屋を片付けること。お皿を洗うこと。先を見越して、今、行動すること。

こうした日々の雑事を、私は「少し先の小さな幸せ」につながるもの、と捉えています。

すべては、少しだけ未来の自分や周りの人たちが快適に過ごすための「準備」。

思い返してみると、常にそういう意識があります。

もともと家の中を整理することは好きなのですが、「少し先の小さな幸せ」につながる準備だと思うと、家事も、その他の雑事も、もっと楽しめるようになると思います。


たとえば、部屋が散らかっていたら、物ひとつ探すにも苦労します。

「ここにもない、ここにもない」と探し回っているうちに時間が過ぎ、時間が過ぎるほどにイライラが募る。この間、ちっとも幸せではありませんよね。

でも、普段から部屋を片付けていれば、いつでも必要なものをサッと取り出すことができて、次の行動が取りやすくなります。そして、使ったものはすぐに元の場所に戻す。これでまた、次の行動が取りやすくなるというわけです。

探しものに時間を費やすことも、見つからないためにイライラを募らせることもありません。

そもそも散らかった部屋にいると気分がすさみますから、そのつど、ちゃんと片付けることが、今日明日の快適さにつながっているともいえます。

つまり、片付け・整理整頓は「次の行動を取りやすくする」ためであり、毎日、快適に過ごすための準備。「少し先の小さな幸せ」に直結するものなのです。


食事の後、すぐにお皿を洗い、キッチンをきれいにしておくのも、同じこと。

「少し先の小さな幸せ」につながっています。

シンクにお皿が溜まっていたら、次にキッチンに立ったときに、まず皿洗いからはじめなくてはいけません。

また、キッチンが汚れていたらどうでしょう。あまり気持ちよくはありませんよね。

だから、食事の後すぐにお皿を洗う。調理台やガスコンロもきれいにする。

そうすれば、未来の自分は、スムーズに気持ちよく料理をはじめられます。後片付けは、次の食事の準備なのです。

何であれ、日々の雑事を後回しにするのは、それを未来の自分に押し付けるということ。

今、その雑事を済ませてしまえば、未来の自分はちょっとだけラクで快適に過ごせます。今の自分から未来の自分に、小さな幸せをプレゼントしてあげられるのです。


また、常に先を見越して、今、小さな行動を取っておく。これも「少し先の小さな幸せ」につながる準備です。

たとえば、夏の暑い日に、主人が車で出かけるとしましょう。

真夏の車内は、シートに座ったとたんに汗だくになるくらい暑くなっています。だから、主人が出かける少し前に、車のクーラーをつけておく。冬の寒い日だったら、暖房を入れておく。

本当に小さなことですが、今、その雑事をしておくことが、主人が快適にドライブできるという「少し先の小さな幸せ」につながっているわけです。

長く連れ添っていると、そもそも何も言われなくても、主人が次に何をしようとしているのか、何となくわかるものです。

そんなときも、ちょっと先回りして行動します。

よく「なんでわかったの？　すごいね」と驚かれるのですが、すぐ隣で主人を見てきたのですから、私にとっては自然なこと。

ずっと一緒に仲よく暮らしていくためにも、「少し先の小さな幸せ」につながる準備は、これからもおろそかにしたくないと思っているのです。


こんなふうに、自分や周りの人たちの「少し先の小さな幸せ」につながるものだと捉え直せば、家事の面倒くささもだいぶ軽減されるでしょう。

そして捉え方を変えることで、家事にも、その他の雑事をより前向きに取りかかれるようになれたら、毎日の生活そのものがプラスの方向に進んでいくのではないかと思います。

いろんなことを「面倒くさいなあ」と思いながら渋々やってばかりいたら、毎日の生活が「面倒」で満たされてしまいます。ていねいな暮らしを実践するのには何も特別なことは必要ありません。毎日ちょっとずつ雑事をこなす。そんなほんのちょっとの習慣で日々の暮らしは豊かになっていくのです

「今の自分から未来の自分に、ちょっとした幸せをプレゼントしてあげよう」と思いながら取り組んだら、毎日の生活は自ずと「小さな幸せ」に満たされていくでしょう。

chapter

2

たおやかなときが流れる鎌倉ライフ

心が豊かになる、海が見える暮らし

鎌倉にある我が家のテラスからは海が一望できます。

左手には江ノ島、そして真正面には相模湾越しの富士山。

晴れている日には、青空にくっきりと富士の斜面が映え、それはもう素晴らしい景観を楽しめるのです。

テラスで主人と2人、時間ごとに違う姿を見せてくれる海と富士山を眺めながら、ただただ静かに過ごす。この時間は何事にも代えられません。

鎌倉に越してきて3年ほど経ったころ、主人はTikTok「妻と僕の365日〜鎌倉スローライフ」をはじめ、その後、私も出演するYouTubeチャンネル「鎌倉スローライフ」の配信を開始しました。

どちらも主人プロデュースで、その名のとおり、鎌倉でゆったりと暮らす私たちのライフスタイルを紹介するものです。

以前は夢にも思わなかった、スローで穏やかな生活。

仙台に住んでいたころ、特に主人が会社を経営していたころは、毎日、毎日、目まぐるしく、それはそれで刺激に満ちてはいましたが、大変なこともたくさんありました。

それが、「鎌倉スローライフ」なんて謳えるほど平穏な毎日になっていることには感謝しかありません。


ところで、なぜ私たちが鎌倉に移り住むことになったのかと、不思議に思っている方もいらっしゃるかもしれませんね。

それは、主人のこんな言葉からはじまりました。

「ママ、鎌倉に住まない？」（主人は私を「ママ」と呼んでいます）。

「これからは2人で、もっと冒険しよう。手はじめに住むところを変えよう。まったく知らない土地に行こう」

私が驚いたのは当然です。

2人とも宮城で生まれ育ち、出会い、事業を興し、結婚して家庭を築いてきました。その宮城から遠く離れた、しかも縁もゆかりもない場所に移り住もうというのですから。

それでも、「絶対にママも気に入るから、一度、行ってみようよ」という主人の言葉に導かれ、初めて鎌倉に足を踏み入れたときには、すでに鎌倉に心惹かれていた気がします。

海沿いをのどかに走る、どこかレトロな雰囲気のある江ノ電。

そうかと思えば、街中に立ち並ぶおしゃれなカフェやレストラン。

そしてもちろん、小高い場所から望む海、江ノ島。

さらには、海の反対側に広がる緑豊かな野山。

とても書き尽くせませんが、散策すればするほど、鎌倉という土地に魅せられていきました。

翻って当時の私たち夫婦の状況はというと、すでに主人は仙台で経営していた会社を譲っており、息子と娘は東京の大学に進学していました。

もちろん、宮城・仙台には愛着も思い出もあります。

でもその一方、50代前後にして見ず知らずの土地に移り住んでみるのも、おもしろいかもしれないと思いました。実際に鎌倉を訪れたことで、まったく新しい生活への期待が膨らみ、ワクワクしてしまったのです。

こうして、主人の最初の言葉から、それほど経たないうちに移住を決意。

それから約50か所もの土地を検討したすえ、私が「ここがいい」と言った今の場所に家を建てることになりました。

宮城に住む親のことは少し気がかりでしたが、不思議なことに、住み慣れた場所を離れる寂しさは、ほとんどありませんでした。

むしろ東京に住む子どもたちと、もっと頻繁に会えるようになるという楽しみのほうが強かったと思います。何より主人と一緒なら、どこでも大丈夫と信じていました。

このころの思い出として、今も主人がよく話題にすることがあります。

「2人の冒険のはじまりだね」

鎌倉への移住を決めたときに、私が主人に言った言葉です。

このひと言で主人は胸がスッとしたそうで、こう返してくれました。

「うん、俺たちはもう自由だから、やっぱり冒険が必要だよね」

夫婦2人、新たに漕ぎ出す冒険の日々。

私たちの鎌倉暮らしが、こうしてはじまりました。

「居心地のよさ」を最優先して築いた家

家は生活のベースとなる場所です。

何を重視するのかは人それぞれだと思いますが、私たちにとって一番大切なのは、住んでいる自分たちの居心地のよさでした。

海を一望できる理想的な土地に、これから家を建てる——。

どんな家にしようかと考えたときに、2人で真っ先に決めたのは白い外観の家にしようということでした。イメージは、「エーゲ海の白い宝石」と呼ばれるミコノス島に立ち並ぶ白壁の家です。

家の中は、1階は玄関と倉庫、2階は寝室、クローゼット、浴室、ジムなど、3階はキッチンとリビング、という割り振りにしました。

3階のキッチンに立つと、真正面に富士山が見えます。

これは、キッチンにいることが多い私のために主人が考えた間取り。

日没の時間帯には、山頂からまばゆい夕日が差し込む富士山を独り占めできる、なんとも贅沢なキッチンです。


インテリアで意識したのは「いるだけで気持ちが明るくなる家」。

開放的で空気のめぐりがよくなるよう、リビングの天井は高く。

外観と同じ白を基調に、カラフルなインテリアにしました。

壁一面に設えられた白い飾り棚には、色とりどりのキャンドルやティファニーのカップが並んでいます。

モノトーンでシックにまとめるよりも、パステルカラーがちりばめられた楽しいインテリアにしたかったのです。


インテリアの中でも、特に気に入っているのは壁紙です。

ウェディング業を営んでいた主人は、8軒ほどウェディング会場を手がけたことがあり、いかに壁紙ひとつで空間の印象が変わるかを熟知しています。ウェディング会場のプロデュースでは、実は私がインテリア関係を任されていました。

大きい家具などは主人と選び、私はカーテンや壁紙、インテリア全般の装飾を担当。イメージはおおむね主人と一致していたため、小物関係の飾りなどは好きなように考えさせてもらいました。

東京の自由が丘に小物を買いに行ったり、チャペルのバージンロードや、各会場のゲスト用のテーブルやエントランス、控え室など会場のイメージに合わせて造花のアレンジをしたり。リースも数えきれないくらいつくりました。

主人の性格上、こういう仕事は「スピード命」。それに、私も自分でつくったほうがイメージどおりの納得できる作品になるので、誰かにお願いすることはなかったのです。

今思うと、インテリアは私の大好きな仕事であり、夢中になれる楽しい時間でした。

現在の自宅のインテリアや色使いなどにも、主人と一緒に取り組んだ会場づくりの経験が生きています。

1階の玄関正面と階段脇の壁紙は、アメリカのモダンアーティスト、アンディ・ウォーホールのデザインによるもの。3階のリビングも、白無地の壁紙ではなく、白地にパステルカラーの模様が入っている壁紙にしました。

玄関には、季節ごとに手づくりのリースを飾っています。

自分たちが家に帰るたび、気持ちが晴れやかになるように。

そして人を迎えるときにも、まず玄関口に立っていただいた時点で「ようこそ」の気持ちを伝えられるように。

少しでも学べば、インテリアは一生の趣味、楽しみになります。

今も、こうしてインテリアを楽しめるのは、あのころの体験があったから。

インテリアの資格などは持っていませんでしたが、それぞれ違うタイプの会場に関わらせてもらって、実践で多くを学べたことには今でも感謝しています。

充実の「おうち時間」をつくるコツ

欧米のテレビドラマや映画を見ていると、広いリビングに、見るからに高そうな大きなソファがどっしりと据えられている家がよく出てきます。

そういうのも素敵かもしれませんが、自分たちには、あまりフィットしないかなと思いました。いくら想像してみても、そんなリッチな空間で過ごしている自分たちの姿がイメージできなかったのです。

家具は「人に見せるもの」ではなく、「自分たちが日ごろ使うもの」。来客時の見栄え重視だけで高級家具を置くなんて本末転倒――というのが私たちの考え方。どんな家具をそろえるかという点でも、自分たちが使っていて心地よいことが最優先でした。

ですから、我が家の家具は、食事をするダイニングテーブルもチェアも、くつろぐときのソファも、何ひとつ高級なものはありません。健康のために、ベッドだけは少しいいものを選びましたが。

ダイニングテーブル、チェアなどは、白とパステルカラーのインテリアのテイストに合わせて、私がペイントしました。

自分が探している感じにピッタリ合う家具って、なかなか見つかりにくいものですよね。

それを探し出すのに労力を延々と割くよりは、ちょっと手をかけて自分好みにDIYしてしまったほうが早いし楽しい。何より満足のいくものができたときの喜びはひとしおです。

こんなふうに、「居心地のよさ」を最優先につくった家で過ごす「おうち時間」は格別です。

鎌倉に越してきてから、ますます、おうち時間が好きになりました。何のストレスもない空間で、ゆったりと過ごせることに無上の幸せを感じています。

YouTubeチャンネルをはじめてからは少し忙しくなってしまいましたが、それも、後ほどお話しするように、もうすぐおしまい。また以前と同じくらい、のんびりした日々に戻るのも楽しみです。

朝のルーティン、ランチの後は、その日の気分で、Netflixでドラマや映画を観たり、お昼寝したり、近所を散歩したり。最近、おそろいで購入した電動キックボードで海沿いや山道を駆け抜けるのも、爽快で気に入っています。ときには子どもたちに会うために東京まで出かけることも。でも、家を出た途端に、もう、おうち時間が恋しくなる。それくらい大好きな家なのです。

夕方は、縄跳びを100回×8セット。毎日ではなく2~3日おきです。

縄跳びは、元サッカー日本代表選手で、私たちとは家族ぐるみのお付き合いをしている岩本輝雄さんに教わった健康法。

血の巡りがよくなって冷え性改善などに役立ち、なおかつ適度に筋肉を鍛えることもできて肥満防止になる、おすすめの方法だそうです。

縄跳びは道具がコンパクトになるので、旅先に持っていけるのもいいところ。何より第一線で活躍されていた元サッカー選手の方がおっしゃることなら間違いないと思って取り入れています。

慣れるまではちょっと大変なのですが、100回×8セットも意外とできるものです。よかったらお試しください。気持ちいいですよ。

縄跳び習慣のおかげか、健康診断はいつも「オールA」。これが、ちょっとした私の自慢なのです。


縄跳びの後は夕食となりますが、やはり家で食べることがほとんどです。その後、少しのんびりしたら、入浴、就寝。

だいたい、こんな感じでゆったり、のんびり過ごしています。

すべては、主人が会社を手放し、2人で過ごす時間をつくってくれたから叶ったこと。主人が毎日、忙しく仕事をしていたころは、こんな日々が訪れるとは想像すらしていませんでした。

若くして起業した主人を支える日々から、今のように夫婦2人でゆったり暮らす日々へ——。

どちらの日々も私にとってはかけがえのないものですが、人生、何が転機になって大きな変化が訪れるか、わからないものですね。

「2人＋4匹」の暮らし――ペットも大切な家族

そんな私たちと一緒に暮らしているのが、犬のゴン太とシロ、猫のジミーとヴアレンです。

ゴン太は2024年現在、16歳。息子が小学3年生だったころから飼っている老犬で、私たちと一緒に3回、引っ越しをしています。人間の都合で、3度住み処を変えることになってごめんね……と思いつつ、すぐに順応できるところはさすがだなと思います。

ひょっとしたら、私たちよりもゴン太のほうが、鎌倉という土地に馴染むのは早かったかもしれません。

私たちは仙台を離れることに対し寂しさはなかったと書きましたが、いざ引っ越しをしてみると右も左もわからないし、知り合いもひとりもいなくて、少しの間、ちょっとだけホームシックになりました。

実はゴン太がやってきたとき、我が家には猫が先住していました。私が仙台でひとり暮らしをしていたころから飼っていたキジトラ模様のジミーです。

この2匹、実は折り合いが悪く、同じ空間にいると決まってケンカになるので、階段に柵を設け、1階はゴン太、2階はジミーと住み分けていました。

年月が過ぎ、ジミーは19歳に。そのころからだいぶ足腰が衰え、体も弱っていきました。

そのジミーが息をひきとる前日、ふと気づくと、ジミーとゴン太が2匹そろってリビングのソファに座り、窓の外を眺めていました。

どうやらジミーが弱った足腰で1階へ下り、柵を乗り越えリビングにいるゴン太のところへ行ったようなのです。

それから間もなくして、ジミーは天国へと旅立ちました。


これは人間の勝手な憶測ですが、ジミーがわざわざ柵を乗り越えてまで、あれだけ折り合いの悪かったゴン太に近づき、同じソファに並んでひとときを過ごしたことには、何か理由があるように思えてなりません。

きっと私たち家族をゴン太に託していたのではないかと思っています。そう思えるくらい、ジミーは思いやりに満ちた猫でした。

私が落ち込んでいるとき、まるで慰めるようにピッタリと寄り添ってくれたのもジミーでした。

そのジミーから託されたからなのか、主人によると、ゴン太は私が買い物などで外出すると、テラスに出て私が出かけた方角をじっと見つめながら、帰りを待っているそうです。

もう目も耳もだいぶ悪くなっていますが、おそらく匂いで、私が家の中にいるのか、それとも出かけているのか、わかるのでしょう。

もう1匹のシロは、殺処分寸前のところを、主人が引き取ってきた柴犬です。犬ながらにその恩義がわかるのか、シロはいつも主人にべったり。それどころか、主人が体調を崩すとシロまで体調が悪くなってしまうほどです。まるで一心同体、以心伝心なのです。

猫の2代目ジミーは、初代ジミーに瓜二つ。なんだか浅からぬ縁を感じて、ジミーが息をひきとった1年後にそっくりの猫を飼いました。

顔はジミーとそっくりでも、性格は正反対。

初代ジミーは人見知りで、人が来るとすぐに隠れてしまうような子でしたが、2代目ジミーは人懐こくて好奇心旺盛。お客様が来ると、すぐにスリスリして、撫でられればゴロゴロ喉を鳴らします。

ひょっとしたら、初代ジミーが「本当はこういうふうにしたかったんだ」と願った姿に生まれ変わり、また私たちのもとに来てくれたのかもしれません。

そして、きっと2代目ジミーも同じ猫の遊び相手が欲しいだろうと迎えたのがヴァレン。

こちらは絵に描いたようなツンデレタイプで、絵に描いたような貴公子（笑）。超マイペースで虫などの獲物を狙うハンター。でも、甘えん坊な一面もあります。


こうして現在は「2人と4匹」の生活になっています。

ペットは私たちにとって、言葉はわからないけれど、心はちゃんと通じているように感じられる大切な存在。

普段朗らかに暮らしている私たちですが、ときには落ち込んだり、お互いの行き違いに悲しくなったりします。

そんなときでも、彼らはそっと寄り添ってくれる。みんな家族なのです。

心を常に「凪《なぎ》」に保つ効能

常に心穏やかでいるには、ちょっとした工夫が必要だと思います。誰もが生まれながらに心穏やかなのではなく、そのように自分を整えることのできる人が、結果として心穏やかに暮らせるのではないでしょうか。

主人は、よく私のことを「のんきでいいよね」と言います。たしかに、おっとりしているところはあるかもしれませんね。それが主人の目には「のんき」と映るのかもしれませんが、実は常に平穏を保てるよう、私なりの「心を整える習慣」というのもあるのです。

家族間の役割や関係の築き方について、世の中にはさまざまな意見があります。

結局のところ、ひとつひとつの家族ごとに違っていて当然ですし、それでいいのではないかな、と思います。

我が家の場合、妻であり母である私が常に平穏、フラットでいることが大事。特に子どもたちが小さかったころは、常に心を整え、微笑んでいられるように心がけていました。お母さんの表情が暗かったら、子どもは不安になるものだと思っていたからです。

イメージは、「凪」のときの海。

私自身のためにも家族のためにも、常に、穏やかな海のようであること。昔も今も、あえて波風を立てるようなことはしないで、いつも凪いでいようと心がけているのです。

主人は思い込んだら一直線、思い立ったらすぐ行動、という熱血タイプ。時には、子どもたちのためを思うあまり、「こうすれば、いいんじゃないか！」とつい強めの言葉で意見することがあります。

でも、それは主人が相手を思って言っていること。私はその点を理解しているので、黙って聞き入れていますが、子どもたちは、ときどき、つい反抗しケンカに発展することもあります。
そんな子どもたちの姿を見て、瞬時に反発するのではなく、一拍おいてから接することができればコミュニケーションがもっと潤滑になるのにと思うことがあります。

たとえば、激高して相手に立ち向かうとしたら、ケンカに発展するだけでしょう。そのような流れで口論したところで、話はたいてい平行線を辿るもの。互いに疲弊するだけで何も前に進まず、いいことはありません。

そんなときこそ、重要なのが、心を整えること。ほんの一拍、冷静になるだけで、きちんと相手と向き合うことができると私は思っています。
状況を少し俯瞰することができれば、なぜ、そのようなことを言ったか、相手の立場に立って考えてみることもできますし、相手の思いを感じ取り、慮《おもんぱか》ることもできます。

こうした冷静さは、相手にも伝播するもの。すると相手の言葉の中に秘められた本当の思いや、気持ちを、正直に聞かせてくれることも多くなります。

私はいつも平常心でいることを心がけています。そのため、家で、人に対する怒りや不平を言ったことがほとんどありません。

そもそも怒りや不満といった感情は、人を疲れさせます。

そういう意味では、心を整える習慣は、自分を無駄に疲れさせないためのセルフマネジメント法でもある、と言っていいかもしれません。

主人が、つい子どもたちに強く注意してしまったときも、そこで私が同調したり、必要以上にかばうことはしません。

私は主人と子どもたちの間に立つ緩衝材。なので、そこは常に黙ってそっと見守り、その後は笑顔で接するようにしています。

どんなときも同じスタンスで接し、いつも笑顔で迎える人がいる。それだけで、家族は安心できるのだと思っています。情熱的で即行動する主人がときどき起きる大波なのだとしたら、私は家族にとって常に「凪」のような存在でいようと思っています。

日ごろからあまり、怒りや不満などを口にしない私が、心を整えるのに効果を感じているのは「家事」です。掃除をしながら、部屋をきれいにしていくことで、自然と心が整えられ、フラットな状態に戻れます。

でも、時には、ちょっとした行き違いが生じているだけだと頭ではわかっていても、心が追いつかないこともあります。そんなときは、サッとその場を離れるようにしています。空気を換えるというのではないのですが、場所を変えるだけで、一旦物事を俯瞰で見られるようになるからです。

私の場合は、3階のリビングにいた場合は2階に移動して、寝室を片付ける、洗濯物を畳む、という具合です。

そうしているうちに心が整い、頭も整理されたら、元の場所に戻り、そこからは、じっくり話し合ったり、「ごめんね」と言い合ったりして、お互い素直な気持ちで向き合うことができるようになります。


そして何より大切なのが「笑顔」です。笑顔の力は絶大です。

よく、「無理に笑う必要はない」という方もいますが、私は笑顔になることで、心が浄化されていくと思っています。

だから、自然と笑えるようになるまで笑わないのではなく、先に笑顔をつくる。

すると、どんなに気持ちが沈んでいても、自分の笑顔につられるようにして、心が前向きに整えられるので。


これは、姿勢もしかり。

よくいろいろな方から「姿勢がいい」と褒《ほ》められます。

猫背でうつむきかげんでいると、視界も狭くなり、思考もネガティブになりがちですが、背筋をピンと伸ばすだけで、顔も前を向くようになり、視界が広がることで、気分も前向きに変化していきます。

もしも、気持ちが塞ぎ込みがちになっていると感じたときは、背筋をピンと伸ばし、口角を上げて笑顔をつくってみてください。きっとそれだけで、見え方が変化し、ポジティブな気持ちへと変化していくと思います。

私自身、今まで大変なこともありましたが、笑顔が自分を前進させるスイッチとなり、厳しいときを乗り越えられたことは数知れません。

禅的・心を整える方法

常に「凪」でいるというのは何事にも動じない、強風が吹いても決して折れない、しなやかな木のようであること。

自身がそうであれば、きっと何があっても、自分が損なわれることはないのでしょう。

改めて、そんなふうに考えるようになったきっかけは、書店でふと気になって手に取った『人生を整える　禅的考え方』（枡野俊明著・大和書房）という本でした。

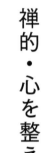

この著者の方は、曹洞宗・徳雄山建功寺のご住職。

私の父の名は、実は「徳雄」。まったく同じ字面が表紙にあるのが目に入って、思わず手に取ったのですが、この本を読んだときに目から鱗が落ちるような感覚がありました。

「常に凪でいよう」というのは、主人と共に家庭を築く中で自然と生まれた意識ですが、この本には、まさにそのことが書かれているように思えたのです。

「いつもフラットな心の状態でいると、何が起こったときでも柔軟に受け止めることができる」

こんなふうに説かれているのを読んで、とても腑に落ちるところがありました。ひょっとしたら私は、無意識のうちに、我流で禅的な手法を実践してきたのかもしれません。

今まで「常に凪でいよう」と心がけてきたことに、なんだか禅のお師匠さんから合格点をもらえたような気がして、うれしかったのです。

もちろん私は、とうてい禅の境地には至っていない、それどころか初心者ですらありません。

ただ、「凪」を心がけることで心穏やかに暮らせるということを、主人と一緒にさまざまな経験をする中で学んできただけ。それが、禅的な考え方を知ったとき、まるで見えない力で引き合わされたかのように、しっくりきたのです。


私にとって一番大事なのは日々の生活です。

2人で心地よく過ごせるように家を整える。

断捨離で無用なものを廃し、家の中の気のめぐりをよくする（ものを処分するときは、ひとつひとつに「今までありがとう」と囁《ささや》きます）。

空間を清める。片付ける。掃除をする。

朝・昼・晩の食事の準備をする。

その中で心は自然と整い、主人とも気持ちよく過ごせる。

こうした「生活にまつわるひとつひとつ」をていねいにすることが、私の心を支える土台であり、一番の幸せなのです。

前向きに年齢を重ねていきたい

誰もが毎年1歳ずつ年を重ねます。

特に一定の年齢を過ぎると、肌も髪も体形も変化していくもの。

それをネガティブに捉える人は多いと思いますが、人生の年輪を重ねることをもっと誰もが喜べるようになったら……と思います。せっかく今まで生きてきたのですから、その先もずっと楽しめる自分でありたいな、と。

たしかに若さは貴重です。若いうちにしかできないこともありますし、若いからこその輝きもあるでしょう。

でも、その一方には、年を重ねるごとにあふれてくる魅力というのも、ありうると思うのです。

まず自分自身が、加齢に対して後ろ向きにならないこと。年齢を重ねている自分を寿ぐことで、若いころにはなかった新たな輝きを発揮していくことができるような気がしています。

こんなふうに考えるようになったのは、6年ほど前、主人と2人で南仏プロヴァンスを旅したことが大きなきっかけになっています。

かの地では、私よりもはるかに年上と思われる女性たちが、カラフルなノースリーブのワンピースを着ている姿をたくさん目にしました。

日本の女性は、年を重ねるごとに、体を覆い隠すような洋服を選びがちではないでしょうか。

たるんできた二の腕や脚を出すのは恥ずかしい、みっともない……と。

悲しいことですが、若さばかりがもてはやされがちな日本は、特に女性にとって、前向きに年を重ねることが難しい場所なのかもしれません。

でも、プロヴァンスで目にした高齢女性たちは、ノースリーブの袖口から、たっぷりとした二の腕を堂々と出していました。

それどころかビキニなど露出の多い水着を着て、ビーチで寄せては返す波に素足を遊ばせてみたり、パラソルの下でのんびり過ごしたり。

そういう姿が、心から前向きに年を重ね、人生を謳歌している証のようで、とても輝いて見えたのです。


私は現在、春から夏にかけては、ほぼ毎日、ノースリーブのAラインワンピースを着ています。それというのも、実は南仏プロヴァンスで目にした女性たちに影響されたからなのです。

ワンピースは、最初は一般のお店で買っていました。でも次第に、自分で選んだ生地、パターンでつくってもいいなと思えてきました。

主人が「ママ、せっかくなら自分でワンピースをつくってみたら?」と言ってくれたこともあり、最近は毎年、生地屋さんで好きな生地を選んで、縫製のプロにつくってもらっています。

高価なオーダーメイドをしているような印象を与えてしまったかもしれませんが、ぜんぜんそんなことはないんですよ。

制作費は生地代も含めて1万円ちょっとですから、一般のお店で買うよりも、むしろ安上がりかもしれません。


ワンピースって、女性にとっては、なんだか特別なものではないでしょうか。

小さな女の子が物心つき、最初にファッションを意識したときに、まず憧れるもの。そして永遠の憧れとなるもの。そんなイメージがあります。

ワンピースを着るたびに胸躍るのは、そのためでしょう。

体を締め付けないから、ずっと着ていてもまったく苦になりません。

それでいて、さっと着るだけで素敵に装うことができて、心まで満たされる。

ワンピースは、まさに魔法のアイテムだと思います。


そんなワンピースに合わせているのは、かごバッグ。

これも実は、プロヴァンス旅行で影響されたことのひとつ。

プロヴァンスには、いくつか有名なマルシェがあります。

マルシェというと、野菜や生鮮食品のイメージが強いかもしれませんが、日用品の出店もあります。特にミラボー通りという場所で開かれるマルシェには、かごバッグがたくさん並んでいました。

もともと旅先の市場をブラブラするのは大好きな私。

特にプロヴァンスでは、いろんな形、色、サイズのかごバッグに目を奪われてしまって、ちょっと大きくてかさばったのですが、気に入ったのを2つ買って帰りました。今でもお気に入りで、大事に使い続けています。

そんなわけで、「Aラインのワンピースにかごバッグ、そして足元は歩きやすいサンダル」というのが、私のトレードマークのようになりました。

最近は、同世代と思われる女性から「ワンピース、私も着ています！」とお声がけいただくことも増えています。

言うなればワンピース仲間？　それともワンピース同盟？（笑）

ともあれ、ささやかながらも私の姿が刺激になって、プロヴァンスで見た女性たちみたいに、堂々とノースリーブワンピースを着て歩ける女性が増えているのなら、うれしいことです。

まだまだ若さをもてはやす風潮が強い、そんな日本の世の中を変えるのは難しくても、自分の意識を変えることはできるでしょう。

「年相応に」なんてことを意識して、決して好みではない地味な装いをしたり、外出を控えたりしたら、それまでがんばってきた自分がかわいそう。

かといって無理に若づくりすることもないと思います。

今までコツコツと生きてきた、その人生経験の積み重ねこそ、年齢を重ねた人間の輝きの源。

だから、外見的な若さを装うことで輝きを出そうとする必要はないのです。

シミもシワも白髪も、たるんできた二の腕だって「加齢による衰え」と捉えてしまったら、ネガティブなものにしか見えません。

でも、ちょっと見方を変えれば、それらはすべて、今まで生きてきた証。

もっといえば、自分にしか装えないアクセサリーといってもいいのではないでしょうか。

こんなふうに前向きに年を重ねながら、今後も主人と一緒にたくさん地球を遊び回りたいというのが、今の私の希望です。

鎌倉で新たに漕ぎ出した私たち夫婦の冒険は、まだまだ続きます。

今後、どんなことが待ち受けているのかは未知数。でも主人と一緒なら、私には何も怖いものはありません。

chapter

3

母として、妻として。家族との向き合い方

祖母と母に教わった「妻、母として一番大事なこと」

妻として母として、どうあったら、家族みんなが幸せになれるのか。

それをしっかり考えて実践している人はすごいと思います。

私の場合は、主人と一緒になってからというもの、会社を興した主人のサポートに子育てにと、毎日がジェットコースターのようだったので、ほとんど考える余裕はありませんでした。

それでも何とか、主人と共に家庭を築いてこられたのは、おそらく祖母と母のおかげです。

といっても、2人から特別に何かを教わった記憶はありません。

ただ、祖母も母も日ごろのその姿を通じて、妻として母として大切なことを教えてくれたような気がするのです。

私は宮城の農家に生まれ育ちました。

母方の祖母、両親、姉、兄、私の6人暮らし。年の離れた姉は私が9歳のときに嫁いだので、5人暮らしの記憶のほうが色濃く残っています。

東北大学に勤める公務員だった父は、入婿でした。母が長女だったためです。

早朝、出勤前に田んぼの作業に勤しみ、決まった時間に家を出て大学に向かい、そして決まった時間に帰宅する。そんな真面目で物静かな父を、母は常に立てていました。

何事も「お父さんが最初」でしたし、何をするにも「お父さんに聞いてから」でした。また、寡黙だった父の真意を汲んだ母が、父の代わりに物事を動かしたり、仕切ったりすることも多かったようです。

今になってみると、これは、入婿だった父が肩身の狭い思いをしないように、という母の配慮だったのだと思います。

父が勤め人だったため、実家の農業は母が中心になって営まれていました。

また、母には2人の妹がいて、よく実家に遊びに来ていました。兄ひとりを除いて、祖母、母、2人の叔母たち、そして私と、実家はいつも女性ばかり。ともすれば、女性のほうが強くなってもおかしくない環境です。

だからこそ余計に、母は努めて父を立てていたように思えるのです。

そんな両親のもと、私はのびのび育ててもらいました。

両親はどちらかというと放任主義で、何かを強制されたり、過度に干渉されたりした覚えは少しもありません。「勉強しなさい」と言われたことすら、ありませんでした。

特に母は、いつも「由美のしたいようにしなさい」という姿勢で見守ってくれていたと思います。

祖母は面倒見のいい人で、聞き上手でもありました。

実家の風景というと、まず思い浮かぶのは、居間や縁側に集う近所の人たちの様子です。

祖母にちょっとした相談事があったり、ただ世間話をしに来ていたりと、目的は人それぞれのようでしたが、とにかく来客の絶えない家でした。

幼かったころの私は、祖母の横にちょこんと座って、自分にはよくわからない話をしている大人たちを興味深げに眺めたり、お茶を淹れたり、お菓子をすすめたりしていました。

祖母は、分け隔てなく人に親切にすること、人の話に静かに耳を傾けることの大切さを、自身の姿を通して言外に教えてくれていたような気がします。

本人には「教えている」という意識はなかったでしょうけど……。


そして今、妻として母として、数十年を過ごしてきた自分を振り返ってみると、かつての祖母や母の姿と重なるのです。

無意識のうちに主人を立てるのは、父を立てる母の姿を見ていたから。

子どもたちが何を言い出しても、まずは「あなたがそうしたいんだったら、そうしてみたら？」と背中を押すのは、自分自身が何も強制も干渉もされずに育ち、母に「由美のしたいようにしなさい」と見守られてきたから。

また、私はあまり人見知りをしないのですが、それは、ちょっとした寄り合い所のようになっていた実家で、常に他者と接していたからなのかもしれません。困っている人がいたら、相手の負担にならない程度に助け船を出したり、話を聞いたりできる人間でありたいと思っているのも、常にそのように人と接してきた祖母の影響でしょう。

今は亡き祖母と母は、妻として、母としての私の原点であり目標。

今は宮城から遠く離れて暮らしていますが、むしろ故郷から離れてみたことで、よりいっそう、祖母と母とのつながりを強く感じるのです。

chapter

3

母として、妻として。家族との向き合い方

後悔しないよう、大切な人に尽くす

きっと誰もが、大切な人にはできるだけ尽くしたいと思っていることでしょう。

ただ、自分自身に心の余裕がない、忙しくてなかなか時間をつくれないなど、ままならないことも多いもの。

「あまりにも尽くしては、かえって相手の負担になるかもしれない」などと気を回して、遠慮してしまうこともあるかもしれません。

祖母が亡くなっただころの私が、まさにそうでした。


人に好かれ、いつも周囲の人に優しく接していた祖母が亡くなったのは、私が短大に進み、仙台でひとり暮らしをするようになってから間もなくのこと。

そのころ、祖母は仙台の大学病院に入院していました。入院した当初こそ、私は頻繁に病室の祖母を訪ね、他愛ない世間話をしたり、身の回りのお世話をしたりしていたのですが、やがて頻度はどんどん下がっていきました。

近くに住んでいた叔母（母の妹）も頻繁に訪れるようになったからです。「立て続けに人が来たら、何かと人に気を遣いがちな祖母が疲れてしまうのではないか」

「孫よりも、実の娘のほうがわがままを言いやすいし、気も休まるだろう」

加えて、同じ仙台とはいえ、ひとり暮らしの部屋から病院までは少し距離があったので、正直、それを言い訳にして足が遠のいていたところもあります。

その後、祖母は回復することも実家に戻ることもなく、病院で亡くなりました。

祖母の葬儀から、どれくらい経ったころでしょうか。実家に行くと、母が仏壇からあるものを手に取り、私に渡しました。

祖母が亡くなった後、病院のベッドまわりを片付けていたときに、母はそれを見つけたといいます。

祖母が入院中につけていた日記でした。

「おばあちゃん、日記なんて書いてたんだ」と思いつつ、そっとページを繰っていくと、毎日のように、こんな言葉が綴られていました。

「由美こない」

「由美こない」

「由美こない」

もう堪《たま》らなくなって、私はその場で日記を抱きしめ、泣き崩れてしまいました。

あまり病室に顔を出さなくなった私のことを、祖母はいつも待っていたのです。

病身の弱々しい筆跡でも、その思いの強さは痛いほど伝わってきました。

変な気遣い、遠慮、言い訳。そのせいで病院から足が遠のいていたことを、心から後悔したのは言うまでもありません。

でも、いくら悔やんでも、祖母はもういない。

他愛のないことを話して笑い合うことも、お世話をすることもできない。

やり直せない、取り返しがつかないということが、これほど切なく苦しいものなのだと、私はこのときに初めて実感として学んだ気がします。

もう、あのような後悔はしたくない。これからは大切な人を、ちゃんと大切にしていこうと心に決めました。

それに、よく「言葉など介さなくても心は通じる」なんて言いますが、半分は迷信だと思います。

勝手な思い込みや遠慮で一歩踏み込むことを躊躇するくらいなら、思っていること、感じていることを、互いに言葉を使って伝え合うこと。その大切さも、私は祖母の死から学びました。

相手を立てたほうが、結果、すべてうまくいく

夫婦って、考えてみれば不思議な関係性です。

もとは赤の他人同士だった2人が、共に生きていくことを約束する。場合によっては子を生《な》し、道半ばで別離という選択をしない限りは、どちらかが亡くなるまでずっと一緒にいる。

この世界の至るところで、そんな夫婦にまつわるさまざまなエピソードが紡がれていると思うと、なんだか不思議な気持ちになるのです。

お国や文化の違い、さらには個々人の価値観や考え方の違いによって、夫婦関係の築き方は千差万別でしょう。

私の場合、やはり主人との関係性の中心にあるのは「常に自分が相手を立てる」という意識です。

決して義務感や恐怖感からではなく、自らの意思で相手を立てること。

すると家庭内のあらゆる物事がスムーズになるということを、私は、常に父を立ててきた母の姿から自然に学び取りました。


たとえば、家族や親族の間で生じた課題について、「こうしたらいいんじゃないかな」と思ったとします。

それを自分ひとりでどんどん進めてしまうのは、独りよがりではないでしょうか。

私は、あえて生煮えの考えを共有し、その先は相手主導で決めてもらうようにしています。

伴侶は家庭という船を一緒に動かしていくパートナーなのだから、ちゃんと話し合って物事を決めていく。それも「相手を立てながら」というのが、私の基本スタンスなのです。

毎回、私がしていることは、あくまでもきっかけづくりに過ぎません。そのきっかけを具体的かつ現実的なアイデアにまで昇華させ、実際に行動するのは主人です。

私たち夫婦は、こんなふうに物事を決めることがほとんど。

主人は行動力の人間です。一番多いのは、主人が決めたことに私がついていくケースですが、私から何かを言い出すときも、最終的に決めて行動するのは主人なのです。

「ママ、こういうのはどうだろう?」「こうしたらいいんじゃないかな?」「こうしてみようと思うんだけど」と言ってくる主人を、私はニコニコ笑って、「いいね」「いいんじゃない?」「そうしたら?」と後押しするだけ。

すると、何でもいい方向に進むのです。

子育てって大変、でも子どもってすごい

親になったら、誰もが必ず思うこと。

それは「子育てって大変！」ということでしょう。

もちろん私も例外ではありません。

１９９７年に太郎が、１９９９年に彩が生まれてからは、本当に目の回るような大変さ、忙しさでした。


息子の太郎を授かったのは、私が27歳のときのこと。

予定日よりも3週間も前に迎えた出産の日を、主人は「出産記念日」と名付けてくれました。２人で初めて親になった記念の日です。

そのころ、主人は事業を軌道に乗せるために多忙をきわめていました。

私も主人の会社の仕事で忙しく、銀行や取引先に出かけるときなどは、お腹の子に「しっかりつかまっていてね」と話しかけながら急いだものです。

そんなある日のこと。

朝の5時過ぎにお腹の痛みで目が覚めました。

どうやら陣痛がはじまったようだと察した私は、前日にやり残していた事務仕事を痛みの波の合間に済ませてから、病院へと向かいました。

主人に陣痛がはじまったことを伝えると、「なんか、俺も痛くなってきたー!」なんて言います。

出産の痛みは、もちろん男性には到底わからないでしょう。でも、主人なりに私の痛みを共有してくれているような気がして、なんだか心強かったのを覚えています。

分娩は「初産とは思えない」と看護師さんに驚かれるほど順調で、同日の昼過ぎにはもう生まれていました。

生まれたばかりの愛おしい息子。

初めて抱いたときの感動は、言い表しようがありません。

とてもとても、幸せでした。


太郎は幼いころよく病気にかかっていました。特に悩まされたのはアトピーと喘息です。

アトピーで体中がかゆくて、夜もよく眠れない。そうなると日中、眠くなるので、授業中に居眠りして先生に叱られたり……。小さな手で皮膚を掻きむしる姿を見ていると、こちらも、つらくてたまりませんでした。できることなら代わってあげたいくらい。

喘息も大変でした。吸入器が手放せず、風邪を引くたびに病院で点滴を受けなくてはいけないほど。

でも幸い、どちらとも小学校低学年のころに治っていきました。

喘息はプールに通い始めてから徐々に改善。

アトピーには、いい皮膚科の先生が見つかりました。少し遠方だったのですが、小さい太郎を連れて青森県八戸市の「薄場《うすば》皮膚科」に新幹線で通い、2年ほど通ったあたりで先生に「完治」宣言していただきました。

娘の彩が生まれたのは、太郎が生まれてから2年後のこと。最初に生まれた男の子に続いて、今度は女の子。それが私はうれしくて、うれしくて、何着もワンピースを縫って娘に着せていました。

2章でお話ししたように、私は、南仏プロヴァンスでワンピースを素敵に着こなす女性たちを目にして以来、自分もワンピースを着るようになりました。そのずっと前に、どうやら、娘を通してワンピースに対する憧れ心を満たしていたみたいです。やっぱり女性にとってワンピースは特別なものですね。

娘を出産したとき、病院に駆けつけた主人は、無事に生まれたのを確かめると、すぐに仕事に戻っていきました。相変わらず忙しかったので、ろくろく会話を交わす余裕もなかったのです。

病室にひとりになって、ふと気づくと、枕の下に二つ折りにした紙が差し込まれていました。

「産んでくれてありがとう」「お疲れさま」——それは、主人からの手紙でした。ワープロ原稿だったので、おそらく忙しい仕事の合間にしたためたのでしょう。私に対する労いと感謝の言葉から、主人の気持ちが十分に伝わってきました。そんな気遣いができる主人だから、私も信じてついていけたし、2人の子どもを育てることも、喜びと楽しみに満ちたものになったのだと思います。

とはいえ、主人の会社の仕事もあったので、子育てが始まってからは、ますますジェットコースターのような毎日になりました。

朝は5時に起床し、主人と子どもたちのお世話をし家事を済ませたら、子どもたちを幼稚園へ。

それから出社。社長である主人と社員や外部の業者さんの間をつないだり、経理業務などに追われたりしているうちに、あっという間に時間が過ぎています。

そしてだいたい17時過ぎ、やり残した仕事を抱えて幼稚園へダッシュ。延長保育の終了時間に1分でも遅れると追加の料金がかかるので、決して比喩表現ではなく、文字通り幼稚園まで「ダッシュ」していました。

帰宅したら、急いで夕飯をつくって子どもたちに食べさせ、お風呂に入れて、寝かしつけ。

そして、その日の残務処理に入ります。そうこうしているうちに主人が帰宅。日中は主人も忙しく動き回っていますし、会社では、あまり具体的な数字の話などはできません。

そこで自然と編み出されたのが、「浴室会議」。

主人が入浴している間、私はバスタブの横に椅子を置いて着衣のまま座り、経費や売上などについて、事細かに打合わせをします。

それからまた残務処理をして、就寝するのは、いつも日付が変わってからだったと思います。そしてまた翌朝は5時に起床し……、という繰り返し。

働いているお母さんも、専業主婦のお母さんも、親としての大変さにおいては、きっとみんな同じようなものでしょう。

毎日がカオスで、毎日が冒険。でも、何より子どもがかわいくて、ほんの少しの成長でも涙が出るくらい、うれしくて……。

子育てって本当に大変。だけど、こんなに楽しくて、満たされた気持ちにさせてくれるものも、世の中、そんなにないのかもしれません。

子育てを通じて、一番幸せを感じ、成長させてもらったのは、私自身でした。子どもの底知れぬ「すごさ」を体験できるのもまた、子育ての醍醐味だと思うのです。数えあげたらきりがないのですが、よく主人が口にする息子のエピソードは、私も思い出すたび「子どもってすごいな」と思わされます。

喘息とアトピーがようやく完治した矢先、太郎に、また別の病気が判明します。今度は手術をすることになってしまいました。

10歳にも満たない子どもを手術室に送らなくてはいけない。それほど大変な手術ではなかったとはいえ、かわいそうで、心配でたまりません。

そんな親の気持ちを察したのか、息子は一生懸命、笑顔をつくり、手を振って「行ってきます」と手術室へ。

一番怖い思いをしていたのは彼自身だったに違いないのに……。

その健気で気丈な姿に、私たち親のほうが、何か大事なことを教えてもらった気がしたものです。

もうひとつ、エピソードを紹介させてください。

私たちは、「子どもたちにはいっさい親の苦労を見せない」という考えではありませんでした。正直なところ、そんな考えで子育てができるほど、余裕がなかったと言ったほうがいいかもしれません。

お父さんもお母さんも仕事が大変。だからあなたたちにも、ちょっと寂しい思いをさせてしまうかもしれないけど、どうか協力してくれないかな——。

こんな意識だったと思います。

現に小学校1年生から、太郎は「鍵っ子」でした。学校から帰ったときに、親が家にいないのはかわいそうでしたが、そうするほかなかったのです。

そんなある日、いつも気を張っていて、家族に弱みなんて見せることのなかった主人が、ポロッと太郎に「お父さんはね、今、ちょっとつらいんだ……」とこぼしたことがあります。

当時、7歳くらいだった太郎。

主人の言葉を聞いて、ちょっと考え込むと、こう言いました。

「お父さん、リラックスして、がんばればいいんだよ」

幼い子どもが、いったいどこから、そんな言葉を導いてきたのか。

いいえ、むしろ、何のてらいもない子どもだからこそ、ストレートに心に響く言葉が出てきたのでしょう。

あるときは親を心配させまいと気丈に振る舞い、あるときは気落ちした親を魔法のような言葉で元気づける。

そういうところを見せられると、つくづくと、親は子どもより体こそ大きく、経験こそ積んではいるけれども、決して子どもより偉いわけではないのだな、と思います。

いうなれば、子どもは一緒に生きる仲間。

もちろん、親の責任として子どもを保護し、子どもがおかした間違いは正さなくてはいけません。

そして、いつかは巣立つ子どもたちですが、それまでは互いに協力して生きていく。かけがえのない時間に感謝しつつ、共に過ごす。そんな「家族」というコミュニティの仲間なのです。

ちなみに「リラックスして、がんばればいい」というのは、主人がSNSのDMなどで仕事や起業の相談を受けたときに、必ず伝える言葉になっているといいます。

それだけ、あのときの太郎のひと言に救われ、元気づけられたのでしょう。

子育ての苦労を、ちょっとでも楽しみに変える

子育ては、思いどおりにはならないことばかり。でも、そのひとつひとつを楽しくしてしまうことが、私は得意なほうだったと思います。

たとえば、料理をするときは、子どもたちにも役割を割り振って、遊び感覚でお手伝いをしてもらいました。

エプロンに、子ども用の安全な包丁、さらには子どもの背丈でも調理台に届くくらいの踏み台。

すべて2つずつ用意して、「これ、やってくれる？」などと子どもたちを一人前扱いすると、この兄妹は競うようにお手伝いに夢中になってくれました。

洗濯物も同様です。

娘のお気に入りだったおもちゃのカートに洗いたての洗濯物を入れて「これ、ベランダのところまで運んでくれるのだーれだ?」などと言うと、娘は「あたち!」と言わんばかりに得意げに運んでくれたものです。

洗濯物を畳むときも、「ママとどっちが速いかな?」なんて言って、ゲームのようにすると、2人ともキャッキャと笑いながら手伝ってくれました。

もちろん子どものすることですから、ちゃんとできることは期待していません。目的はお手伝いをしてもらうことではなく、極力、子どもたちと一緒に過ごす時間を持ちながら子育てを楽しむこと。

そこで、いわば「お手伝いごっこ」のように、家事を「遊び」に変える工夫をすると、子どもと一緒に過ごす時間は自ずと長くなります。

子どもたちは、自分たちだけで遊ばなくてよくなりますし、私自身、「遊ぶ時間」を設ける余裕などない中で、家事をしている間に、大好きな我が子と一緒に過ごせるのがうれしかったのです。

最低限のしつけは施しつつも、「のびのび、自由に」というのが我が家の子育てのモットーです。

ひょっとしたら、私自身が子育てを楽しめたから、子どもたちに何ら強制も干渉もせず、それこそ「のびのび、自由に」育てることができたのかもしれません。

息子も娘も、今では立派な成人。

親にとっては、いつまでも「子ども」ですが、のびのび自由に育ち、ようやく自分の足で人生を歩みはじめた息子と娘が、この先、どんな新しい世界を見せてくれるかとワクワクしているところなのです。

chapter

3

母として、妻として。家族との向き合い方

子どもたちにしつけた唯一のこと

私自身が比較的放任主義の両親のもと、何の強制も干渉もされずに育ったので、自分の子どもたちも自由にさせてきました。

ずっと心がけてきたのは、「ただ楽しく日々を過ごそう」ということだけ。川の字になって寝るのも、本を読み聞かせるのも、一緒に遊ぶのも、はたまたおねしょの布団を洗ったり、食べこぼし・飲みこぼしでぐちゃぐちゃのテーブルを片付けたりすることだって、思い返せば、すべて楽しんでいた気がします。

とにかく、のびのびと育てたいと思っていたので、幼稚園は、自然の中で遊べるところにしました。

そのまま公立校へと進学。小学校受験も中学校受験も経験していません。

のびのび自由に、といっても、いっさいしつけをしなかったわけではありません。
むしろ人としての基本については、特に主人が厳しくしつけました。
たとえば、次のようなことです。

・お箸を正しく持つ
・食べるときに音を立てない
・誰に対してもきちんと挨拶をする
・「ありがとう」と「ごめんなさい」を素直に言う

本当に基本的なことばかりですが、できていない人も多いようなのです。

実際、今では大きくなっている子どもたちは、こういう基本がなっていない人をしばしば見かけるようで、よく「小さいころに教えてくれてよかった。ありがとう」と口にしています。

また、子どもには「親以外の大人に叱られる経験」も必要だと思っていたので、学校の先生方には「悪いことをしたら、容赦なく叱ってください」とお願いしていました。

当然ですが、親は子どもが生まれて初めて親としてスタートします。特に第1子のときは、子どもと一緒に親も成長していかねばなりませんから、いろいろと至らない点が多いであろうことは自覚していました。だから、教育のプロである学校の先生をはじめ、同じ社会に生きる皆さんの手をお借りするつもりで、子育てをしてきたのです。

また、仙台では主人の母・祖母と暮らしたことも、子どもたちにはよい教育になったと思っています。

私自身、未熟な嫁を温かく迎えてくれて、主人が忙しい最中、本当の娘や孫のように接してくれた義母・義祖母には感謝してもしきれません。

2人の存在が、すごくうれしかったし、心強かった。やがて子どもが生まれてからは三世代、賑やかに暮らしました。

都会では核家族化が進んで久しく、おじいちゃん、おばあちゃんと暮らした経験がない中で育つ子も多いようです。

その点、父方のおばあちゃん、ひいおばあちゃんと、一定期間、一緒に暮らした我が家の子どもたちは幸いだったと思います。

2人を通じて、自分たちが知らない時代のこと、いい時代の話もつらい時代の話もたくさん知ったでしょうし。

それに、子どもたちが目上の人を敬うことが自然にできるのも、ひとつには、実際に年長者と生活を共にする中で身についた素養ではないかと思います。

今、大らかで決して人の悪口を言わず、人のいいところを見つけるのが得意な息子、いつも自分の考えを持っており、人に慕われ、頼られることも多い娘を見ていると、素直に「いい人間に育ってくれたな」と思えます。

私たちの育て方が正しかったかどうかは、正直、わかりません。


そもそも子育てには正解も不正解もなければ、成功も失敗もないのでしょう。

親の責任は重大ですが、親が偉いわけではありません。

天から授かり、お預かりした命である子どもたちが、いずれひとりで飛び立てるように、精一杯、向き合ってきた結果が、今、そこにある。それだけのことだと思うのです。

「試練」の体験を子どもから奪わない

私たちは、基本的には、子どもが「こうしたい」と言ったことは、とりあえず否定しないで、「やってみたら?」と背中を押してきました。

学校の部活しかり、志望大学しかり、そして大学卒業後の進路もしかりです。

これだけ目まぐるしく変化する世の中で、たったひとつの「正解」などないに等しいでしょう。

特に昭和の価値観なんて遠い過去の遺物であり、今の子たちには通じません。

本人が強く希望することならば、とにかく挑戦してみればいい。

失敗したら失敗したで、学ぶことがたくさんあるはず。

主人も私も、そういう考え方でした。

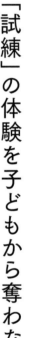

chapter
3
母として、妻として。家族との向き合い方

さて、そんな考えの私たち夫婦のもとで育った息子が、悩んだ末に選んだ道。

それが「たろたん」チャンネルでした。

大学3年生となった息子と就職活動の話になったとき、ふと息子が「ＴｉｋＴｏｋをやっていく道もあるかも」と口にしたことがあります。

でも、主人に言わせると、すでにＴｉｋＴｏｋは、膨大な発信者が日々、多種多様なコンテンツを配信しているレッドオーシャン。「今からＴｉｋＴｏｋをはじめるのは、どうなのかなあ」というのが主人の見立てでした。

やりたいのならやってみればいいけれど、はたして、そこでしっかりと存在感を発揮できるだろうか……、というのが気がかりだったのです。


ところが、ある日、主人はＴｉｋＴｏｋで見つけてしまったのです。

「僕はタワマンに住む慶應生！」からはじまる、息子渾身の動画配信を。

ただし、うれしい誤算というべきか、2本ほど見てみたら、それが他に引けを

取らないほど、存外におもしろかったそうなのです。

親に見つかってしまったことに、息子は多少の気恥ずかしさ、後ろめたさを感じていたかもしれません。

でも、「おもしろいから、このまま突き進め！」という主人のひと言に背中を押されたようでした。

実は、「就職活動」という大学3～4年生の通過儀礼に、一番とらわれ、悩んでいたのは息子自身でした。

「慶應大学卒にふさわしいところに就職しなくちゃいけない」と密かに思い込んでいた節があります。

しかし、それも主人からすれば、「一流企業ばかり狙って悩んでいるのなら、もし就職できたとしても、すぐ辞めるだろう」と。そんな思いから、主人は、改めて息子の心に直球を投げました。

「おまえなあ、慶應かなんか知らないけど、世間体は気にするな」

「ほとんどの人が、『みんなが就職するから、自分もしなくちゃ』と思っているだけで、本当に自分がやりたいこと、自分に向いていることなんて、この若さでわかるわけがない。そういうのは、27、28歳になって、ようやく見えてくるものだと思うよ」

ここまで主人に言われて、完全に吹っ切れたのでしょう。

さっさと就職活動を止めた息子は、ますますTikTokでの配信に没頭し、さらに2022年10月にはYouTubeへと活動の場を広げました。

「たろたん」チャンネルで配信している内容は、私たち家族の何気ない日常です。大学の風景、自分が住んでいるタワマンのことなどを、ただ披露する。それだけの短い動画なのですが、なぜか多くの方に見ていただけるようになりました。

ひとつ大きな「引き」となったのは、「僕はタワマンに住む慶應生！」の決まり文句でしょう。

息子は大学生ながらに、都内のタワーマンションに住んでいます。その家賃だけは親が持つから、あとの生活費は自分で稼ぎなさい、というのが主人の方針でした。

完全に吹っ切れた息子が、どんどん動画配信に没頭する姿に刺激されて、主人が「僕たちもやろう」と言い出したのは2023年5月のこと。

正直、私は人前に出るタイプではないので「えーーー」という感じでした。でも、主人が、一度思い立ったら実現させずにはいられない性分であることは、重々わかっています。

というわけで、まず主人がTikTok「妻と僕の365日~鎌倉スローライフ」を配信開始。さらに私も登場するYouTubeチャンネル「鎌倉スローライフ」がはじまりました。

メインテーマは、仙台から移り住んだ鎌倉での暮らし。

ＹｏｕＴｕｂｅのほうでは、ときには子どもたちの思い出話を語り合う動画、主人が会社を経営していたころの苦労話を披露する動画と、そのときに思いついたテーマで気ままに配信してきました。

さらに２０２４年2月には、娘も「妹ちゃん」のアカウント名でＹｏｕＴｕｂｅでの動画配信をはじめています。

以来、息子のチャンネルに家族勢ぞろいすることもあれば、私が娘のチャンネルに登場して「女子トーク」をすることもあり――。

たくさんの方にご覧いただけるようになったとはいえ、ＹｏｕＴｕｂｅという媒体自体、今後、どうなっていくかわかりません。

ただ、私たちは基本的に放任主義であり、27歳と25歳にもなっている子どもたちに、もう何も言うことはないのです。

親としては、「こうしたらいいんじゃないか」という方向性は、一応、見えています。特に主人には明確なイメージがあるようです。

もちろん相談されたら応える用意はありますが、こちらから示すようなことはしません。

せっかく直面しようとしている「試練」の体験を、子どもたちから奪ってはいけない、というのが私たちの考え方。

それぞれが自分なりに悩み、試行錯誤して自ら道を見出していくのが、結果がどうなろうと、一番、本人たちにとって後悔がなく、納得のいく人生になると思っているのです。

「夫と妻」「父と母」の役割分担

「誰かと共に生きる」というのは、「お互いに補い合いながら生きる」ということではないでしょうか。

人は皆不完全ですし、それぞれに個性があります。

また、多様な見方・意見があるとは思いますが、おそらく、男女の性別の違い（決して優劣ではなく）というのもあるのでしょう。

だからこそ、パートナーを見つけて共に生きていくのは、価値ある素晴らしいことだと思うのです。

お互いに不完全な存在で、異なる個性があるからには、家庭内での役割も違ってくるのが自然なことだと思います。

私たち夫婦の場合は、主人は仕事に邁進してお金を稼ぐ人、私はお金を管理して使う人、という役割分担でやってきました。

「あなたは稼ぐ人、私は使う人でしょ」なんて言って、主人をびっくりさせたこともあります。でも、あっけらかんとそう言われて、主人は「そうか、俺はただ一生懸命働けばいいんだ」と吹っ切れたそうです。

主人が会社を経営していたころは、どんなに会社が大きくなっても収入はすべて私が預かり、そこから主人の「お小遣い」を渡していました。

「社長」なのにお小遣いとは意外かもしれませんが、主人にとってお金の管理に煩わされることなく仕事に没頭するには、ちょうどいい役割分担だったのです。

また、母親と父親としての役割分担もあります。

特に子どもが小さかったころは、主人はいつも猛烈に忙しく、家のことは私に任せきり。それでも、運動会や部活の試合など、子どもたちにとって大事な行事には、どんなに忙しくても欠かさず見に行ってくれました。

仕事の合間を縫って駆けつけるので、たいていは運転手付きの車にスーツ姿。ほかのお父さんたちとはだいぶ様相が違います。

主人はそこに少し引け目を感じていたようですが、どんな姿でもお父さんが見に来てくれて、子どもたちはうれしそうでした。


そんな子育ての日々を振り返ると、自然と、次のような役割分担ができていた気がします。

普段は滅多に家にいなくても、大事なときにはちゃんと現れて存在感を示し、子どもたちに安心感を与えるのは主人。

仕事は忙しかったけれども、毎日、密に接して子どもたちに愛情を注ぐのは私。

そして、しつけや、子どもが自分で言い出したことをやり遂げさせるために、厳しく接するのは主人。

それをフォローするために、包み込むように子どもと接するのは私。

家のことは私に任せきりでも、いつも子どもたちがいました。孤独を感じたことはありません。

たしかに主人は家にいないことのほうが多かったですが、決して忘れ去られ、放置されていたわけではなく、私たちはそれぞれ別の役割を担っているという感覚でした。

だから、いつでも「主人と一緒に子育てをしている」と感じていましたし、何より子どもと一緒に過ごすこと自体が、私にとっては喜びだったのです。

子どもが言い出したことには、徹底的に付き合う

子どもは、親が思っている以上に、自分でちゃんと考えているものです。たとえ10歳に満たない幼な子であっても、幼いなりに意思も意見もありますし、進路を決める年齢ともなれば、もう一人前に決断できます。

だとすると、親にできるのは、子どもの可能性を閉ざさないこと。そのために、子どもが「こうしたい」と言い出したときには、よほど人の道に外れる選択でない限り、応援する姿勢が必要なのでしょう。

主人はいつも忙しくしていましたが、思い返すと、子どもが言い出したことには徹底的に付き合っていました。

たとえば息子の野球です。

息子が小学生だったころに、仙台に楽天イーグルスがやってきました。それを機に野球に興味をもった息子は、地元の野球クラブに入部。中学生になってからも続けました。

「野球をやりたい」というのは、そもそも息子が言い出したこと。主人はそれにとことん付き合うつもりでしたから、息子が練習をサボることを決して許しません。なかなか試合で結果を出せない息子のために、連日、バッティング練習に付き合ったこともありました。

どうしても会社を離れられない日には、私がビデオ通話をつないで息子のバッティングフォームを映し、主人がリアルタイムで「もっと腰を落として」などと指示を飛ばします。

この特訓の成果か、中学生活最後の大会で初めて息子のバットから快音が響いたかと思ったら、見事な2塁打。

私たち2人は思わず叫び、飛び上がって喜びました。

息子はケロッとしてガッツポーズしていましたが、ふと隣を見ると、主人の目にはうっすら涙が……。これは決して気のせいではないでしょう。

高校3年生になった息子が、突然、「慶應義塾大学に行きたい」と言い出したときも、主人はとことん付き合いました。

息子としては急に芽生えた希望ではなく、小学校の卒業文集に「慶應義塾大学に行く」と書いていたのです。

といっても、そのころの息子の成績は「下の下」といったところ。偏差値は35と絶望的で、担当の先生からも「正直、この成績で慶應大学は無理だと思う」と言われてしまいました。

ところが、そのことを知った主人は、諦めさせるどころか励ましたのです。「自分で言い出したことなんだから、がんばりなさい」と。

それからは、なかなか勉強に本腰を入れない息子にやきもきしたり、業を煮やした主人が「受験までのスケジュール表」を作成したりと、いろいろなことがありました。

なんだかんだで月日はあっという間に過ぎます。

いよいよ入試の日を迎え、後日、慶應から届いたのは「不合格」の通知でした。それでも、併願していた明治大学には受かったのですから、たいしたものだと思います。

いったんは明治大学に進学することに決めた息子でしたが、入学式の当日、言いづらそうにしながら、こう言ってきました。

「やっぱり慶應に行きたい。来年、再チャレンジさせてほしい」

それほど強い思いがあるなら、叶えてあげたい。その思いは主人も同じでした。

こうして息子は1年間の仮面浪人の末、見事、慶應に合格しました。

先生に「慶應は無理」と断言されても息子を励まし、入試のときには東京についていって、なんと20日ほども息子と一緒に過ごした主人。

子どもが言い出したことには、徹底的に付き合うという姿勢は、ずっと変わらないんだなと思いました。

こうした姿勢の親を、当の子どもは、ちょっと「ウザい」と感じることもあるかもしれません。

でもそれは、あくまでも一時の衝動的な感情であり、最終的には心強く思ってくれるのではないでしょうか。

子どもが言い出したことに、とことん付き合うというのは、子どもの選択を否定せず、後押しするということにほかなりません。

我が家の場合は、ちょっと主人がやりすぎてしまうところもあるのですが……。ともあれ、とことん付き合うほど力強く応援することが、きっと、子どもが自らの可能性を押し広げる力になるに違いないと思うのです。

兄妹別々に挑む「世界一周の旅」

ＹｏｕＴｕｂｅをはじめたことは、子どもたちにとっても私たち夫婦にとっても、とてもいい経験になっています。

特に子どもたちにとっては、大学や本などでは学べない実社会のもろもろ、時代の最先端を実感として学び取る機会になっていることでしょう。

そんな子どもたちには、ぜひ、ネットの世界を飛び出して、広い世界を直に体験してほしい。もう、親に教えられることは何もありません。

これからの彼らの「先生」は、現実の社会であり、広い世界です。

学校や親を超えた、その新たな「先生」から学ぶためには、今までしたことのない経験をすること、初めての場所を旅すること。

そう思っていたところ、子どもたち自身も「旅をしたい」と言い出しました。主人が背中を押したのは言うまでもありません。

こうして太郎と彩は、ほぼ同じタイミングに、しかしまったく別方向へと世界一周の旅に出発しました。

世界の「一流」を体験すると、ぐんと視野が広がります。それぞれに旅立った2人が、最低でも5か所くらいは世界の一流ホテルを体験してきてくれたらいいなと思っています。

思えば主人は、子どもたちに「簡単にはできない特別な経験」をさせるための費用を惜しみませんでした。

たとえば野球観戦にしても、スポンサー席と外野席とで見える景色が違います。「両方」を知ることが大事というのが主人の考え方ですから、実際、息子が小学生だったころに両方を体験させました。

はたして息子の感想はというと、「スポンサー席よりも、外野席のほうが賑やかで楽しい」。まさしく「両方」を知ったことで、自分が本当に好むほうを知ることができたというわけです。

今回の世界旅行でも、それは同じ。

子どもたちは自分の全財産を投じて旅に出ましたが、ホテルでもグルメでも、最高級とB級の両方を体験してきてほしいと思っています。

B級のものしか知らない、選べないのと、最高級を知ったうえでB級を選ぶのとでは、人間としての深みも可能性もまったく違う。やはり「両方」を知ったうえで、そのときどきで自分が選びたいほうを選べる人間になってもらいたい。

子どもたちにとって世界一周の旅は、そのための貴重な体験にもなるでしょう。「特別な物」には金銭面のサポートをしますが、それ以外は子どもたちが自分のお金で対応することになります。

きっと子どもたちは貯金を使い果たすことになるでしょう。

主人曰く「そこからがスタートなんだよ」と。

何があっても「お母さんはあなたの味方」と示す

親に存在を丸ごと受け入れられている子どもほど、親元を離れて遠く、高く羽ばたけると聞いたことがあります。

絶対的な味方がいればこそ、失敗を恐れずチャレンジできる。いつ帰っても受け入れてもらえる場所があればこそ、そこから遠く離れたところでも、がんばることができる。そういうことなのでしょう。

私自身、子どもたちにとって、絶対的な味方、いつでも帰れる場所でありたいと思いながら子育てをしてきましたが、これも思い返せば、亡き母が教えてくれたことでした。

いつも子どもたちを遠くから見守っていて、子どもたちのほうから何か相談してきたら、それに真剣に向き合って応える。

これが生前の母のスタンスでした。

私自身は、あまり母にいろいろなことを相談するタイプではなかったのですが、いつも感じていたのは、「お母さんに相談しようと思えば、いつでもできる」という絶対的な安心感です。

その安心感があるだけで、いろんなことがあっても、がんばれました。

だからこそ、私も同様の安心感を、自分の子どもたちに与えてあげたい。

子どもに対する母のスタンスは、いわば「無形の財産」として私が受け継ぎ、そして次世代へと引き継ぎたいと思っているのです。

主人は、子どもたちのためを思うあまり、つい、自分の考えを厳しい口調で伝えてしまうことがあります。

子どもたちも、そんなお父さんの思いはわかっているのです。

わかってはいるけど、親に厳しく言われたら、多少なりとも傷つくのが子どもというもの。言い返したくても言葉が見つからなくて、もどかしい思いをすることもあるでしょう。

そういうときに私にできるのは、主人と子どもたちの仲を取り持つことでも、子どもの側に立ってものを言うことでもないと思っています。

ただ、あるときは傷つき、またあるときは不満を抱え込んだままでいる子どもたちに、「何があっても、お母さんは、あなたの味方よ」と、さりげない言葉で、あるいは態度で示すこと。

これも、言ってみれば、父親と母親の役割分担なのかもしれません。

どちらかが厳しく接したら、どちらかがフォローする――というバランスが重要なのだと思います。

働き方も生き方もどんどん多様化する世の中で、子どもたちは、この先、いったい、どんな人生を歩んでいくのでしょう。

息子と娘が、どんな道を選ぼうとも、私は「いいんじゃない？　やってみたら？」と言える母親でありたいと思っています。

「やった後悔よりも、やらなかった後悔のほうが大きい」とよく言いますが、これには私も同感です。子どもたちには、やらずに後悔するくらいなら、どんどんやりたいことに挑戦してほしい。

それで失敗したっていいのです。特に若いうちは、失敗してもやり直すだけの時間があるのですから。

だから私は、子どもたちが、悩み、迷い、失敗して落ち込んでいるときでも、「何があっても、お母さんはあなたの味方」と示し続けます。「いつでもお母さんに相談できる」という安心感を常に与えてくれた母のように。

母の死と私の今

2022年3月26日、私の母は永眠しました。

私たちが家族旅行で沖縄に行っていた最中、突然の訃報。ほんの数日前の出発日には、母とメッセージのやり取りをして、「沖縄でたくさん、いい思い出つくってきてね」と返信があったというのに。

死因は心不全でした。

母と同居していた兄によると、前日、夕食をとり、床に就くまでは何も変わらず、翌朝に亡くなっていたそうです。

あまりにも突然で、私は、なかなか受け入れることができませんでした。

実家に戻り、棺桶の母と対面したとき、すがるように号泣する私を見た主人が、のちに「あんなに泣きじゃくるママは初めて見た。一生忘れられない」と言っていたくらいです。

でも、80歳を超えていた母としてみれば、3年前に愛する夫（私の父）を亡くし、「そろそろ私も、あの人の近くに行きたい」と願っていたかもしれない。長患いせず、いつものように眠っている間に、きっと苦しむこともなく生涯を終えたのでしょう。それでよかったのかもしれません。

母の死は急ではありましたが、今にして思うと、「虫の知らせ」のようなことはありました。

鎌倉に移住した直後には来訪してくれましたが、その後もずっと母には「いつでも遊びに来てね」と伝えていました。ですが、遠慮があったのかなかなか実現しませんでした。

それが3年前のある日、私が母と電話で話していたときに、隣にいた主人が、

chapter 3

母として、妻として。家族との向き合い方

突然「ちょっと俺に電話代わって」と。珍しいことでした。

電話を受け取った主人からも直に「お義母さん、ぜひ遊びにいらしてください」と言われたことで、ようやくその気になったのでしょう。母は、その後、すぐに鎌倉に来てくれました。

ほんの3日間ほどの滞在でしたが、富士山が好きな母は毎日、テラスに出ては富士山に向かって手を合わせて、「いいところだね」と。

もし主人が電話を代わってくれなかったら、その姿も見られなかったかもしれないと思うと、不思議な気持ちになります。

それだけではありません。

母の滞在中、あれやこれやとアテンドしてくれていた主人が、最終日に「今日はお義母さんと親子2人で出かけておいで！」と言い出したのです。

これも、人を喜ばせることが好きで、そのために自ら世話を買って出ることが多い主人には珍しいことです。

ともかく、主人がそう提案してくれたので、その日は、母と2人で極楽寺《ごくらくじ》を詣《もう》で、少し離れたところにある長谷寺《はせでら》にも足を延ばしました。

ちょうど長谷寺は梅が見ごろを迎えており、花が大好きな母は大喜び。

「もうすぐ春だね」「そうだね」——なんて話しながら散策したのが、私が母とゆっくり過ごした最後の時間となりました。


実は「虫の知らせ」のようなものが、もうひとつあります。

鎌倉の自宅で、母が私に「これ、渡しておこうと思って……」と手渡してきたのは、小さな小瓶。

そこに入っていたのは、私のへその緒でした。

「なんで今ごろー？」なんて、ちょっと笑いながら受け取りましたが、いったい母は何を思ってそれを持ってきたのか……。まさか死期を悟っていたとまでは思いませんが、不思議なこともあるものですね。

こうして3日ほどの滞在を終えて、母は宮城へ。

東京駅のホームで見送った母の姿が、私にとって本当に最後に目にしたものとなりました。

そのとき主人が撮った写真には、いつもどおりの笑顔の母が収められています。

主人は「僕たちが記憶に残るお義母さんの最後の姿が笑顔でよかった」と。

私もそう思います。


母が亡くなったのは、それからわずか2か月後のこと。

そう思うと、あのとき、たまたま主人が「電話、俺にも代わって」と言ったことも、たまたま「今日は2人で過ごして」と提案してくれたことも、単なる偶然とは思えません。

宮城から遠く離れて暮らす私のために、何か見えない力が、主人を使って、母を鎌倉へと導いてくれたようにも思えるのです。

そして、母が自らの背中を通して教えてくれたことを、いかに私は受け継ぎ、次の世代に引き継いでいけるだろうか……。そんなことも改めて考えるようになりました。

「家庭は、お母さんが元気じゃないといけないんだよ」

結婚した私に、つねづねそう言っていた母。

実際、母がクヨクヨしたり落ち込んだりしている姿は、ついぞ見たことがありません。

チャーミングで明るくて、いつも元気。

母は、まるで太陽のような人でした。

事業を興した主人のことも、それを支える私のことも、きっと心配だったに違いありません。

でも私が悩んでいると見たときに、母がいつもかけてくれた言葉はひとつだけ。

「じゅんくん（主人のこと）を信じなさい」

めったに相談を口にしない私でしたが、母には、私が悩んでいることなどお見通しだったようです。

このひと言が、どれだけ心強かったことか。そう言われるたびに、私は自分の選んだ人を信じて、ついていけばいいんだと思えました。


そんな母には、今の私は、はるか遠く及びません。

それでも、いつかは母のようになれたら……と思っています。

妻としても母としても、いつも太陽のようであった母は、いつまでも変わらぬ最良のお手本として、私の中で生き続けるでしょう。


母が亡くなったその日、私たちの滞在していた沖縄の空に一瞬大きな虹が……。

お母さんありがとう。

鎌倉への移住記念で3回目の結婚式を挙げました。
人生の節目、節目に夫はいつも私へのサプライズを企画してくれます。

20代。夫とハワイへ旅行したときのスナップです。

学生時代から結婚するまでの間、モデルのお仕事していました。

長男の太郎と妹彩の幼少期。夫の祖母と母と一緒に暮らし、いろいろな経験ができました。

妻、母、会社役員とひとりで何役もこなしていたため、仕事を家に持ち帰り対応することも多くありました。

今や大切な家族の一員となっている2匹の犬と、2匹の猫。

犬の散歩は基本主人がやっていますが、ときどき一緒に海沿いを散歩します。

スキンケアは保湿を中心に行い、
メイクは眉を軽く描いて整えるだけ。
5分くらいで朝の準備は完了します。

朝、バルコニーで淹れたてコーヒーを飲むための準備をするとき、いつも幸せを感じます

鎌倉でお気に入りのカフェ、「サカノシタ」さん。2012年にフジテレビ系列で放送され人気を博した「最後から二番目の恋」のロケ地としても有名になった場所です。しっとりふわふわのパンケーキとお茶がとてもおいしいお店。ときどき訪れてくつろいでいます。

鎌倉に移住しようと決心した決め手のひとつとなった江ノ電。レトロな感じが街の雰囲気とマッチして、鎌倉ならではの風情になっています。

何気ない家具を自分なりにペイントしてアレンジ。色や絵をプラスすることで、かわいくポップな家具に変身。主人の会社で内装を担当していたこともあり、こういうアレンジを楽しんでいます。

クローゼットには今や私の定番となったシンプルなAラインのワンピースとかごバッグがそろっています。

私専用のミシン部屋。ワンピースは自分で生地を選び、つくることも。

東山高台寺
ねねの道

chapter 4

何事も2人でいれば乗り越えられる

大切なのは、相手を信頼し続けること

夫婦とは共に家庭を築き、さまざまな経験をすることで、徐々に絆を強めていくものなのかもしれません。

別々の人生を歩んできた2人が縁あって結ばれ、いいときも悪いときも一緒に過ごす中で、互いへの理解が深まっていきます。

お互い似ているところもあれば、まったく似ていないところもあって、それがいいと思えるのも、きっと長く一緒にいればこそ、なのでしょう。

現在、私は54歳、主人は58歳。すでに子どもたちは、それぞれひとり暮らしをしており、夫婦2人きりの生活です。

そこで今までのこと、そして現在の生活を振り返ってみると、夫婦の関係は、

chapter

4

何事も2人でいれば乗り越えられる

子どもたちが巣立った後から、いっそう豊かになるものだと実感しています。

私が主人と出会ったのは、短大を卒業して間もないころのこと。

当時、アルバイト感覚でやっていたモデルの仕事で派遣された先に、広告代理店の担当者として来ていたのが主人でした。

すごく険しい顔をして、厳しい口調で何やら指示を飛ばしている彼を見て、「なんか、怖そうな人がいる」と思ったのが第一印象。

その後、彼とはたびたび顔を合わせることになりました。

指名を受けて撮影現場に行くと、なぜか、いつも彼がいるのです。どうも彼が自分の担当案件で、たびたび私を指名しているようでした。

でも、彼に対する印象は、ずっと「怖い人」のまま。この人と付き合うことはおろか、まさか結婚することになるなんて想像もしていませんでした。

それがいつしか付き合うようになり、私が住んでいたアパートで一緒に暮らすように。そして1か月後には、彼が「結婚を前提としたお付き合いを」と実家に挨拶に行くことになるのですから、不思議なものです。

一緒に住みはじめたころの主人は、広告代理店に勤務。2年後に独立し起業しました。

社員はまだ0人。

そのとき、形だけ「取締役」となった私は、主人がひとりで奮闘する姿に「私も力になりたい」と思い、経理や事務の仕事を一から勉強しつつ、書類作成から営業先へのお使いまで、できることは何でもやりました。

主人は方々に手を尽くしていましたが、当初は、ほとんど新規の依頼が入らず、明日の食事にも困りそうな日々が続きました。

当面をしのぐ貯金すらないことも。

ただ、「大変だな」とは思っても、不思議と不安は感じませんでした。

1日、1日を乗り切ることに精一杯で、不安になっている暇がなかった……というのもあったかもしれません。

しかし何よりも大きかったのは、「この人は、自分ではじめたことは必ずやり遂げる人だ」と信じられたことです。

出会ってからそれほど年月は経っていませんでしたが、彼が義理堅く、情に厚いこと、仕事熱心で、クライアントのために全力を注ぐことは、もう十二分に理解していました。

だから、「この人に、とにかくついていくだけだ」と心に決めることができたのです。

ギリギリの日々を乗り越えて

ゼロからのスタートだった主人の会社は、軌道に乗るまでに10年以上かかりました。

当初は古巣の広告代理店の仕事を請け負っていたのですが、そのままでは、会社として成長していくうえでの限界値が見えてしまいます。

もっともっと「上」を目指していた主人は、電通東北（現電通東日本）からの依頼を取りつけるべく、ある行動に出ました。

来る日も来る日も、雨の日も風の日も、電通東北の社屋に通い詰めたのです。

主人いわく、「雨の日はチャンス」。雨の日は飛び込み営業も減るから、その分、自分が入り込むスキができるというのです。

訪問は、1年間ほぼ毎日。

そのガッツが認められて、当時の社長さんにお目通りがかなうことに。最初はお試しで。やがて次々と依頼が舞い込むようになりました。

気づいたときには電通東北の仕事のほとんどを請け負っていると言われたほどです。


次々と仕事が舞い込み、会社の業績も安定していた矢先、主人は事業展開を大幅に切り替えたのです。

ちょうどそのころ、自分たちのウェディングを自らプロデュースした主人は「これからはウェディングだ」と直感し、それまで並行して続けていたウェディング事業に全集中するために、電通東北さんから請け負っていたイベント事業を畳んでしまったのです。

ちょうどゲストハウスウェディングが流行る兆しがあったころでした。

当時、イベント事業の売上は約5億円。片や、ウェディング事業の売上は3000万円がいいところの状況でした。

5億円の事業を畳んで、3000万円の事業に全集中。端から見たら正気の沙汰ではないかもしれません。でも、主人には勝算がありました。

何より、イベント事業とウェディング事業の兼業で会社は大きくなったものの、それだけ人件費などの経費が増大し、経営が苦しい状況だったのです。突破口を開くためには大きな決断が必要でした。

先見の明で大幅に舵を切ったウェディング事業。ですが、なかなか依頼が入らない状態が続きました。

ウェディングは、結婚する2人にとって一生に一度の大イベントです。

特に女性にとっては、自分が主人公になれる数少ない機会。

となると、やはり実績のある名の知れたウェディング会社に依頼するのが一番と思う人が多いのも無理はありません。

新規参入がとりわけ難しい業界であることを痛感しました。社員に給料を支払うのがやっとで、自分たちは無給ということもしばしばありました。

そのころの出来事で、今でも胸が痛くなる思い出があります。

小学校低学年だった娘が急性肺炎になって、急きょ入院することになりました。娘に付き添いながら、私は当月の給料を計算し、手書きで記帳していました。そこで、今月も自分たちの給料がゼロということが判明したのです。

給料は入らない。貯金もない。このままでは娘の入院費用を捻出できない……。そんな瀬戸際で助けとなってくれたのは、実家の母でした。私の苦境を察して10万円ものお見舞いを持ってきてくれたのです。

とにかく、それくらいギリギリの状況が1年ほど続きました。

会社は今にも潰れそうで、それでも社員に給料を払い、家族を養わなくてはいけない。ウェディング事業に絞った以上は何とかそこで突破口を開き、浮上しなくてはいけない。

このころが一番大変で、まさに地獄を見たと主人は言います。

一番の、何か本格的な打開策を、と考えた末に主人がはじめたのが、テレビコマーシャルでした。

もちろんコストはかさみますが、やはりテレビの影響力は大きかったようで、その後、続々とウェディングの依頼が入るようになっていきます。

ここでようやく、私たちはギリギリの日々を乗り越えたと実感できたのです。

かつては電通の仕事を請け負う側でしたが、さまざまなイベントのスポンサーとして電通に広告費を出す側に。

フィギュアスケートの羽生結弦さんがソチオリンピックで金メダルをとり、仙台で行われた凱旋ショーでメインスポンサーとなったのも、いい思い出です。また、楽天イーグルスのユニフォームスポンサーやベガルタ仙台のスポンサーもやってきました。

とはいえ、そこから幸せいっぱい、順風満帆の日々になったかというと、そうでもありません。

もちろん、事業が軌道に乗ったのは喜ばしいことでした。

ただ、あまりにも急激に業績が伸びたので、そのスピードに会社自体がついていけない。急成長を遂げた企業は、それはそれで、今までとは違うさまざまな課題に直面するのが常のようです。

たとえば、社員数が急増したこと。最終的には大所帯になりました。

そうなると今までとは違って、「以心伝心」というわけにはいきません。

それまでは社長である主人と取締役を務めていた私とで、目配りして事足りていましたが、大勢の社員を動かすには、今までとは別のマネジメントが必要でした。指示や指導に穴があっては困りますから、主人は、そうとうもどかしい思いをしていたに違いありません。

事業が成功し、どんどん会社は大きくなっているのに、いつも「心ここにあらず」という感じで、どこか無理をしているように見えました。

ウェディング事業がすっかり軌道に乗り、「東北№1」と言われ、さらに年月は過ぎ、49歳のときに主人は全盛期の会社を売却します。


ゼロから育ててきた会社を手放すのは、どんな心境だろうと思いましたが、本人は存外にスッキリしていました。

きっと、それが一番いい選択だったのでしょう。

今、とても穏やかな顔で、気ままにのんびりと暮らしている主人を見ていると、本当によかったなと思います。

人よりだいぶ早いリタイアでしたが、もう十分にやりきった。いいときも苦しいときも、主人を一番そばで見てきた身として、心からそう思いました。

あのギリギリの日々、怒濤のような変化があったからこそ、今の穏やかな生活の貴重さが身にしみるのです。

男の美学を支える心得

夫は外で懸命に働き、妻は家を守り、夫を支える。

こういう夫婦の形は、今どき時代遅れと見做されるのかもしれません。

でも、私たち夫婦は、まさにそんな役割分担で、うまくやってこられたと思っています。

主人には、「絶対に事業を成功させて、妻に何不自由ない暮らしをさせるんだ」という強い思いがありました。

そして主人は、一度決意したからには必ずやり遂げる人。どんなときも諦めることなく、前に突き進み、困難を突破する力があります。

それがわかっていたからこそ、とにかく私はサポート役に回るだけ。

いつも仕事で気を張っている主人が、せめて家にいるときくらいは安らげるようにと、常に家を快適な空間に保とうと努めていました。

たとえば、部屋が散らかっていると煩わしく、心身が休まりません。

だから部屋は、いつもスッキリと片付けておく。

生ゴミなどの悪臭が漂わないよう、キッチンは隅々まで常に清潔に。

部屋の中の気が澱《よど》まず、よくめぐるように、マメに窓を開けて換気する。

ホワイトセージのポプリで空間を浄化。

このように家を整えるのは、主人のためだけではなく、私自身のためでもありました。いつも過ごしている家が快適であるほど、家事も仕事の事務作業も捗ったからです。

さて、今でこそ、若くして起業する人は珍しくないのでしょうが、主人が会社を興したころは違いました。

主人が起業したのは27歳のとき。

若いがゆえに、取引先などから甘く見られるかもしれない、見くびられるかもしれない。だから余計に、主人は気を張っていたのでしょう。

一方、主人は、何かと年上の人にかわいがられるところもありました。

誠心誠意、仕事に全力投球する姿勢が、さまざまな修羅場をくぐってきた年上の人たちの目には好ましく映ったに違いありません。


そんな主人との生活を、いったいどう表現したらいいものか……。なかなかしっくりくる言葉が見つかりませんが、波乱万丈と言っていいかもしれません。

いつも仕事のことで頭がいっぱいの主人に、きつく当たられたこともあります。

私も私で、まだまだ若かったので、主人を支えたい気持ちはあっても、実際に、どうしたらいいのかわかりません。

20代そこそこの年齢では、それも致し方なかったのかもしれませんが、今、思い返すと、本当に未熟で不甲斐なかったと思います。

それでも主人と共に暮らすうちに、だんだん、私の役割のようなものが見えてきました。

社長業にはさまざまな苦労があります。

新規の依頼を獲得すること、引き受けた案件を成功させること、ミスがあったら、たとえそれが部下がおかしたミスであっても社長が責任を取ること、社員を育てること、会社の財務を管理すること……。

すべての責任が主人ひとりにのしかかっていました。

仕事にかける信念、美意識が強いからこそ、思うようにならないときの苦悩も人並み外れていたことでしょう。

誰かに弱音を吐くこともできない、たったひとりの戦い。

孤軍奮闘。当時の主人を思い出すと、この言葉が浮かびます。

では、どうしたら主人を支えることができるか。

行き着いた答えは、「いつも同じ、フラットな状態でいること」でした。

chapter

4

何事も2人でいれば乗り越えられる

穏やかな日の海のような静けさと寛容さ。

そうあるために、いつも微笑んでいること。

前にお話しした「凪」の意識は、何とか私なりに主人を支えるために、このころに生まれたものだったのです。

そして、誰にも弱音を吐けない主人の聞き役になり、妻として、主人が決めたことには信じてついていく。自分でも不思議ですが、きっとそうするのが私の一番の幸せにつながっているという確信がありました。

といっても、「絶対に成功してもらわねば困る」といった考えではありません。

もとはといえば、何の後ろ盾もなく、私と一緒に住んでいたアパート1室の3畳一間から出発した主人です。

事業に失敗したところで、その原点に戻るだけ。ふたたびゼロからのスタートにはなっても、マイナスからのスタートにはなりません。

その後も大きな勝負をかけるとき、主人は決まって「もしかしたら大失敗して無一文になって、家族で6畳一間のアパート暮らしになるかもしれない。それでもいい？」と私に尋ねました。

主人が何に挑戦しようと、どんな大勝負に出ようと、私の思いはひとつだけ。

「何だって、やってみたいと思ったのなら、やってみればいい。私はどこまでもついていくから」

だから、毎回「うん、大丈夫よ」と答えるのです。

支えたい人の周りにも目を配る

「誰かを支える」というのは、その相手だけでなく、周りの人たちにも目を配るということではないでしょうか。

人は誰しも、仕事であれプライベートであれ、必ず、ほかの人たちと関わり合いながら生きています。

自分が一番支えたい相手と、その周りの人たちとの人間関係がよくなることは、結果的に、相手が、より働きやすく、より生きやすくなるということ。

だから、周りの人たちにも目を配ることで、いっそう効果的に相手を支えることができるようになるでしょう。

といっても、主人の会社の仕事をしていたころに、そこまで考えていたわけではありません。

ただ、主人と周りの人たちの間に齟齬を感じたときに、ちょっとフォローしていただけ。それをあえて言葉に落とし込むとしたら、今、お話ししたようなことになるのかな、という程度です。

少し大げさな言い方かもしれませんが、主人には「思い込んだら命がけ」というところがあります。

猪突猛進と言ったらいいのか、「こう」と思ったことに一直線で、周りが見えなくなってしまうのです。

たとえば結婚式場のプロデュースでも、自分の中ではすっかり完成イメージが出来上がっているので、どうしても、自分の指示を受けてひとつずつ作業を進めている人たちの歩みが遅すぎると感じてしまうようでした。

だから「なんで、まだできてないんだろう」となるのです。

また主人は「一を聞いて十を知る」というタイプですから、ちょっとでも相手の理解が追いつかないと、それが待ちきれないことがあります。

そんな主人のスピードに社員や業者の方がついていけず、「どうしよう……」と困惑している場面にも、しばしば遭遇しました。


主人はもちろん、社員が精一杯に仕事をしていることは十分理解しています。ただ、いつでも自分のほうが一手も二手も先を行っているがゆえに、つい、もどかしくなってしまうのです。

でも、社長という立場上、さらには「男に二言はない」という主人の性格上、一度言ったことを取り下げるのは容易ではありません。

一方、急にいろいろなことを言われた側からしたら、時には理不尽に感じる可能性があります。

そんな中、私にできることといえば、主人と社員や業者さんの間を取り持つことくらい。

ストレートな物言いをするがゆえに、意図せずきつく響くことも多かった主人

の言葉を、

「社長は、こういうつもりで言ったと思うから、大丈夫よ」

「社長はああ言ったけど、そんなすぐにはできませんよね。工期どおりで大丈夫なので、引き続き、よろしくお願いします」

などと「翻訳」するような役回りでした。一番近くで過ごしてきた私にはわかっても、社員には真意が伝わっていない場合もあったのです。

そこでも常に心がけていたのは、「笑顔」でいること。

さしずめ「取締役兼、笑顔担当」といったところでした。

ちょっとしたひと言で、現場や社内の空気が、少しでも和らいだらいいなという気持ち。また、主人が本当に言いたいことが誤解なく相手に伝わればという思いでいました。

いつも心に「新鮮な感謝」を

感謝は、あらゆる人間関係に欠かせないものでしょう。

もちろん無理に感謝する必要はありませんが、たとえば夫婦の場合、いつも一緒にいると、いろんなことが当たり前になってしまって、感謝の心を見失いがちかもしれません。

日常の小さな場面にも、ちゃんと「感謝のタネ」を見つけられたら、大切な人との関係性は、もっともっと豊かになっていくと思うのです。

また、過去に相手にしてもらってうれしかったことを、いつまでも鮮明に思い出して、改めて感謝できる自分でありたいとも思っています。

同棲していたころから数えると、一緒になって早34年あまり。主人との思い出はたくさんあります。

うれしかったことも数えきれません。その中から取りあげるとしたら、2度目、3度目の結婚式です。

入籍したころに挙げた結婚式は会員制で、すべて手づくりでした。

主人にとって、結婚式は「結婚して最初に妻にあげるプレゼント」。ホテルウェディング全盛の当時に、森の中のペンションで会場セッティングから演出まで、すべて自分で取り仕切ってくれました。

ふわふわのウェディングドレスを着せてもらって、幸せいっぱいの式だったのですが、それから7年後、ようやく主人の事業が軌道に乗ったころに、今度はハワイで結婚式をしたのです。主人からのサプライズでした。

何も知らされぬまま、幼い子どもたちを連れてハワイに到着した私は、主人から「ウェディング会場でドレスのショーをやるから、ドレスを選んでおいて」と言われました。

そのつもりでドレスを選び、ホテルの部屋へ戻ると、なぜか、さっき選んだばかりのドレスとブーケがベッドに飾られています。

ドレスを選ぶのはショーのためではなく、私たち自身の結婚式のため。

そう知らされて、まずびっくり。そして感動があふれてきました。

それから私はドレス、主人はタキシードに身を包み、5歳の息子にはアロハシャツ、3歳の娘にはアロハ柄のワンピースを着せて、家族みんなで結婚式。

夢のような時間でした。

さらに、今から5年前には3度目の結婚式。やはり主人からのサプライズでした。もともと広告代理店で働いていた主人は、企画プロデュース力が高いというか強引というか、ひらめいたら叶えずにはいられないのでしょう。

鎌倉に移住した年だったので、主人が名付けたのは「鎌倉移住記念結婚式」。

このときは、主人が素敵なウェディングドレスを選んでくれていました。

そして式後には、生花でデコレーションされたテーブルで、素晴らしいフランス料理を。またも夢のような素敵な時間を過ごさせてもらって、幸せでした。

私のことを、主人はよく「欲がないよね」と言います。

たしかに自分から何かを強く欲するということが、私にはあまりありません。

そういえば、主人に何かをねだったことも、おそらく一度もないと思います。

でも、もちろん、素敵なモノ、コト、時間を贈られたら幸福に満たされますし、感動的なサプライズをされたら胸が熱くなります。

2度目、3度目の結婚式をはじめ、そういうものをどんどん与えてくれる主人には、感謝しかありません。いつ思い出しても、まるで昨日のことのような新鮮な「ありがとう」で胸がいっぱいになります。

自分からはあまり求めない私。

泉のように湧き出る発想力と実現力、何より「相手を喜ばせたい」という気持ちがあふれている主人。

そういうところでも、私たちはいいコンビなのかもしれません。

性格も趣味も正反対でいい、それがいい

「夫婦は一緒にいるうちに似てくる」と言いますが、本当でしょうか。

たしかに、寝食を共にし、「家族」というユニットとしてさまざまな経験をするうちに、ものの見方や考え方、ユーモアセンス、映画や音楽の好み、食べ物の好き嫌いまで、大なり小なり似通ってくるところがあるかもしれません。

でも、その一方で、どれほど一緒にいても、まったく似てこない部分もあるでしょう。

それは強いてすり合わせるようなものではなく、「それぞれ違っていても一緒にいられる」ということこそ、夫婦の尊《とうと》さなのだと思います。

会社を手放してから、主人は大きく変わりました。

まず、よく笑うようになりましたし、誰とでも世間話をするくらい朗らかになりました。

発想力や行動力、家族に対する熱い心は相変わらずですが、そこにユーモラスな一面も加わり、今では、ちょっとおもしろい「昭和のオヤジ」といった風情になっているのです。

突然、まったく新しい人格が現れたわけではないでしょう。

以前は見えていなかった一面が、引退して自由の身になったことで、どんどん表に出てきたのだと思います。

そんな主人を見ていて、実は胸が痛くなることも……。今、これほど笑顔の多い主人が、会社を経営していたころは、いったいどれほど気を張り詰めてがんばっていたのだろう、と。

すでに過ぎ去った日々ですが、引退してからの変貌ぶりを目の当たりにしたことで、当時の苦悩の深さが改めて窺われます。

もちろん、あの大変だった時期も、私たちの人生の大切な1ページ。

いつしか「こんなこともあったよね」「あのときは、そうとう、やばかったよね」と笑って話せるようになりました。そして今、こんなにも主人が朗らかに暮らせていることに、心からホッとしているのです。

おかげで、私たちの関係はいっそう深く、豊かになりつつあります。

ただし、私たちは似た者夫婦ではありません。

たとえば性格。

私はおっとりしていて、あまり欲がありません。

一方、主人はせっかちで、自分のことを「成功して好きなものを買ってやるという成り上がりマインドが強い」と言っています。

物欲が強いというよりは、生きることに貪欲で、自分のためにも家族のためにも、最高のものを求める気持ちが強いのかもしれません。

そうかと思うと、自分の欲しいものを買うときに、中途半端なものを選ぼうとすることも多いのです。

こういうときの思い切りは、むしろ、私のほうがいいかもしれません。

「中途半端なものを買っても満足できなくて、結局、また欲しくなるでしょう？ だったら一番欲しいのを買ったらいいじゃない」

なんて背中を押すこともしょっちゅうです。

私たち夫婦の船頭役は、基本的には主人です。

ただ、そんな彼にも、ぐいぐい私を連れて突き進むかと思いきや、急に気弱になって思い切れなくなってしまうことがある。そうしたら私が「思い切りのいい参謀役」みたいなものを買って出て背中を押す――。

というのが、私たちが長年をかけて構築してきたバランスなのです。

また、私たちはよく一緒に映画を見るのですが、その好みも違います。

私はラブロマンスが好き。主人は、しょっちゅうドスの利いた声が飛び交うような昔ながらのマフィア映画が好き。

となると、お互いに好きなものを主張したら、一緒に映画鑑賞できませんね。

そこは、主人が私に合わせてくれます。最近は、「ママの好きそうなのがあったよ」と、積極的にラブロマンス映画を見つけてくれるようになりました。


共通の趣味は旅をすること。

でも、旅先での過ごし方は好みが分かれます。

意外に思われるかもしれませんが、私はあちこち見て回りたいタイプで、主人はリゾートホテルでゆっくり過ごしたいタイプなのです。

ただ、この点も、最近は私が「こういうところを散策したら気持ちいいんじゃない？」と提案して、主人が乗ってきてくれることも増えてきました。

そんなところにも、社長業から自由になって以来、どんどん新しいことへと目が開かれている主人の変化を感じます。

このように性格も趣味も正反対ですが、だからといって無理に合わせるわけでもなく、互いの違いをよしとするのが私たちのあり方。

歩み寄りたいところは歩み寄りつつ、これからも仲よく生きていけたらと思っています。

chapter 5

今日からはじめられる幸せな毎日

私たちの「おわり」と「はじまり」

今、私たち夫婦は、ある「おわり」と、ある「はじまり」に差し掛かろうとしています。

「おわり」とは、主人と私のYouTubeチャンネル「鎌倉スローライフ」を、おしまいにすることです。

「鎌倉スローライフ」は、おかげさまで多くの方にチャンネル登録していただき、息子「たろたん」のママということで、街中で「たろたんママですよね?」と声をかけられることも多くなりました。

当初の想像をはるかに上回る反響をいただいていること、本当にうれしく思っています。

ただ、少しクールダウンしたい気持ちが芽生えていることも否めません。

特に主人は、「ここまでやれて大満足。これからはまたママと2人、静かに暮らしたい」という思いが強いようです。

というわけでYouTuberとしての私たちは、これで「おわり」。

ではは「はじまり」は何かというと、また新たな主人の計画に、私たちは突入しようとしているのです。

その計画とは、今の家を売って、また別のところに家を建てるというもの。

今度こそ余生を過ごす「終の棲家」にするつもりで、山の中の土地に平屋を建てるというのが、現在の主人の構想です。

「先に自分が逝ってからも、不自由なくママが暮らせるように」とか、「ゆくゆくママの体や頭の自由がきかなくなったら、住み込みの介護士を入れられるように」とか、そんなことまで想定して、家の立地や設計を考えているようです。

主人は現在58歳。あと2年で還暦を迎えます。

40代半ばまでは仕事に全情熱を注ぎ、早くに引退して自由な時間を手に入れた50代、そして待ち受ける60代には60代の暮らし方がある。

そう話す主人が、今後、もっとも熱意を注ぎたいものは何かというと「妻」。つまり、私だというのです。

なんだか、うれしいような恥ずかしいような気持ちになってしまいますが、そんな主人の計画を喜んで受け入れようと思っています。

60歳にして「余生」とは、現役寿命がどんどん伸びている現代では気が早いように思われるかもしれません。

ただ、27歳で起業、49歳で引退と、スタートもリタイアも、人並み外れて早かった主人のことです。余生にも、人並み外れて早く入ろうとしているのだと考えれば、不思議はありません。

ただし、それは枯れていくばかりではなく、新たな黄金期を夫婦2人で築いていくということなのです。

chapter

5

今日からはじめられる幸せな毎日

大変なことも、うれしいことも、いろんなことを共に経験するうちに、いつのころからか、主人が私の生きがいになっていました。

「子どもたちはいつか巣立っていく。私の生きがいはあなたよ」

だいぶ前の話ですが、そう本人に伝えたこともあります。

主人はそれがうれしかったと見えて、20年ほど前に、ある雑誌に寄せた文章では、「貴女《あなた》の『生きがい』にふさわしくなれるよう、がんばるよ」と書いてくれました。

平凡な少女時代を過ごした私にとって、20代で出会い、一緒になった主人との生活は、なんとも刺激に満ちていました。

おかげで私の人生は、自分で想像していた何倍も何十倍もおもしろく、豊かになったと思います。

「こだわり」がないから、しなやかに、楽に生きられる

人が怒りを感じるのは、「こうあってほしい」「こうあるべきだ」という自分の理想や願望と、目の前の人や物事が食い違っているときである、と聞いたことがあります。

そう考えると、私が常に笑顔で、「凪」の状態でいられるのは、「こだわりがない」から、なのでしょう。

人に対しても物事に対しても、私には「こうあるべきだ」「こうすべきだ」という考えがほとんどありません。

だから、心の平穏を保ちやすいのではないかと思います。

相手を否定したり、ましてやコントロールしようとがんばったりするよりも、

理解できないところも含めて、ありのままを受け入れる。

たいていのことは、「これでいい」「そういう考え方もある」と受け止める。

こだわりがないことで、自然と、そういう向き合い方になりました。

人や物事に対して怒りの感情が湧くことも、ほとんどありません。


こだわりがないというのは、押し通すべき「我」や、張るべき「見栄」「プライド」がない、ということでもあります。

そう、自分でも不思議なことに、私には我も見栄もプライドも、ほとんどないのです。

それは、とても楽なあり方です。

何事においても理想と現実や、希望と絶望に葛藤することなく、しなやかに生きられる気がするからです。

いうなれば「白雲自在《はくうんじざい》」というあり方。

読んで字の如く、「白雲自在」とは、空に浮かぶ白い雲のように形の移り変わりが自在であること。流れに逆らわず、身をゆだねる。

とてもしっくりくる言葉です。

いつから、どのように、そうなったのかはわかりません。

おそらく生まれ育った環境、母の背中を見てきたこと、そして主人と一緒に暮らす中で、自然と培われたものなのでしょう。

主人曰《いわ》く、「こだわりがないことが、ママの真髄《しんずい》」。

でも、真髄なんて大層なものではありません。

ただただ、毎日を平穏に過ごせるよう、笑顔で心を整えてきただけ。

いつでも笑顔を心がけたことで、私は、たぶん強くなれました。

しなやかだからこそ折れない柳の木のように。

そんなふうに成長できたのも、やはり、主人と一緒にいろいろなことをくぐり抜けてきたからだと思っています。

感謝をしながら、「さようなら」——私の断捨離

私は、お金にも意思があり、常にお金に喜ばれるようなお金の使い方をしたいと思っています。

では、お金に喜ばれるような使い方とは、いったい、どんな使い方でしょう。思い当たるものを2つ挙げると、ひとつは人を喜ばせる使い方、そしてもうひとつは物を悲しませせない使い方だと思います。

人を喜ばせる使い方、というのはきっと想像しやすいでしょう。

たとえば主人は人を喜ばせるのが大好きです。

つい先日も仙台から遊びにきた旧友たちのためにお寿司屋さんを貸切りにしたり、人力車をチャーターして観光名所を巡ったりと、もてなしていました。これ

などは、まさに人を喜ばせるお金の使い方。

一方、物を悲しませない使い方とはどういうことでしょうか。

すべての物は、特定の用途で使われるために存在します。

それなのに、たとえば「お買い得品」を大量に買い込んで溜めておいたら、その物は長いこと使われないまま放置されることになり、かわいそうです。

バーゲンで、そこまで気に入っていない洋服を「安いから」というだけで買うのも同じこと。きっと、その洋服はあまり着られないまま、つまり「洋服」としての用途を果たせないまま、タンスの肥やしになってしまうでしょう。

そうではなくて、必要なときに必要なだけ買って、すぐに使ってあげる。

本当に気に入ったものだけを買って、長く愛用してあげる。

これこそ物を悲しませない、お金が喜ぶ使い方だと思うのです。

ある特定の用途を果たすために生まれてきたものを、ちゃんと使ってあげる。

お金の使い方の根っこにある、この考え方は私の断捨離にもつながっています。

前項で述べたように、こだわりがない私。

数年前に断捨離の本と出会ったときも、「物に対する執着を捨てる」思想にはすごく共感し、すぐに実践したいと思いました。

一方、ものを処分すること自体には抵抗がありました。

「まだ使えるのに、もったいない。捨てるのはかわいそう」と。

でも本当は、使わないまましまい込んでいるほうが、かわいそうなのです。

そう思うようになってからは、「今まで、ありがとう」と囁いて、処分することができるようになりました。

昔、主人が買ってくれた高級ブランドの洋服もバッグも、私にはもう必要ありません。主人には、改めて感謝を。そして、その物たちにも「ありがとう」と囁いて手放しました。

人生にもっと冒険を――「余生」をどう過ごすか

本書の最初のほうでお話ししたとおり、「もっと冒険しよう」との主人の発想で、私たちは見ず知らずの鎌倉に移住しました。海が見える現在の自宅は地上3階の一軒家。その家も近々、売却しようと思っているわけですが、これも実は断捨離の一環なのです。

新たに建てようと思っている家は、森の中の一軒家。今の家より、ずっと小さな平屋建て。

ひとつ手放すと、また新たなものがひとつ入ってきます。海が見える今の家を手放すことで、今度は「森の中の一軒家に住む」という新たな体験を手に入れるのです。

主人には、子どもたちに財産を残すという発想はありません。その代わり、旅をはじめとしたさまざまな自分たちの体験に、ほぼ使い切ってしまうつもり（主人が逝った後、私が十分暮らしていけるだけの資金は残してくれるようです）。

そして、いよいよ体の自由が利かなくなってきたときには、森の中で質素に暮らしながら、いろんな旅先での思い出話をして生きていく、というのが私たちの理想の未来像です。

どこで読んだのか、主人が最近、よく口にするのは「女性は思い出だけで生きていける」という言葉。2人で地球を存分に冒険したという思い出があれば、主人が先に亡くなってからも、私は思い出だけで生きていける。そんな思いで、これからもたくさん思い出づくりをしてくれるようです。

もちろん、そんな主人の計画には、すべて喜んで乗るつもりです。今現在、決定しているだけでも、北欧、スイス、アフリカ。他にも旅してみたい場所だらけ。私たちの新たな冒険は、まだはじまったばかりです。

今あるものに感謝し、何気ない日常を味わう

今、改めて「幸せ」とは何だろうと考えています。

努力していろいろなものを手に入れることで感じられる幸せというのもあるでしょう。

でも、あるものに感謝したり、何気ない日常を味わったりすることで、自ずと湧き上がってくる感覚、それを〝幸せ〟と呼ぶほうが私には合っています。

若いころは、夢や希望を抱き、どんどん自分の欲しいもの、やりたいことを努力で追求していくもの。エネルギーあふれる年代には、まず経験を積むという体験が必要です。

でも人生も後半に差し掛かると、「どんどん足していった先に何が成るか」で

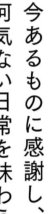

はなく「どんどん削ぎ落としていった後に何が残るか」に、幸せの実像が現れてくるように思えるのです。

今、私が感じる幸せはというと……、

家族が健康であること、

自宅のテラスで主人と2人、ゆっくりと鎌倉の夕暮れどきを過ごすこと、

子どもたちのことや旅先での思い出話をすること、

たまには息子や娘を交えて、他愛のない話で笑い合うこと、

これくらいのもの。といっても、削ぎ落とした後に、こんなにも心満たされるものが残ること自体、どんなに裕福な生活をするよりも贅沢でありがたいことなのかもしれません。

それから、まったく異なる趣味嗜好を持つ主人と私が、映画などで思い切って相手の好きそうなものを選び、一緒に観るときなども「幸せだな」と思います。

「私はこれが好き」「俺はこれが好き」と別々に楽しむのではなく、お互いにトライしてすり合わせる。

映画だけでなく、あらゆるところでそういうトライを積み重ねながら、私たちは、2人きりのかけがえのない関係を築いてきました。

それは一夜にして成し遂げられるものではありませんし、まだまだ未完成。

これからも私たち夫婦は、自分の至らないところも相手の至らないところも合わせ飲みつつ、互いに許し、ときにはケンカもするかもしれないけれど、笑い合いながら暮らしていくのでしょう。

今の私の唯一の夢は、いつか主人が人生を終えるとき、私といて幸せだったと思ってもらえること。

私の究極の幸せ。それさえ叶ったら、もう、ほかに何もいりません。

「愛し、愛され」共に生きる

もともと私達夫婦は、すべてが真逆。

性格も趣味も、食べ物の好みもまったく違っていて、ケンカの毎日でした。

主人は27歳という若さで起業したこともあり、不安でイライラの毎日。余裕もなく、精神状態は一杯一杯で、当たるところは一番近くにいる私しかなかったのでしょう。

未熟だった私はそんな主人を受け止めることができずに、陰でこっそり泣く日もありました。

でも主人の前では、何事もなかったかのようにがんばって笑顔をつくっていました。

なぜなら主人を信じていたから。

なぜなら支えると決めたから。

どんな状況でも主人は逃げませんでした。

何があっても、主人は諦めませんでした。

前に前に突き進み続けました。

2人の人生は、一言で言えば波乱万丈。お互い、よくがんばりました。


それから34年の月日が経ち、今思うことは、真逆の夫婦だからこそ、足りないものを補い合って、お互いの弱いところをカバーし合って、力を合わせて成長してきたのだということ。

私達夫婦は、2人で一人前です。

自分にはない世界を、お互いがお互いを理解しようとした結果、より深く広く成長させてもらえたことをありがたいと思っています。そんな2人が歩み寄って溝を埋め、まろやかになり、今こうして穏やかな安らぐ生活を送れていることに感謝しています。

私にとって主人は夫であり、時には親であり、兄であり、友達であり、子どもでもあり不思議な関係です。

私にとっての人生のよき友であり、パートナーである主人。出会えたことに感謝しながら、そして、これからもお互いに学びや気づきを教え合う存在でいたいです。

この先も同じ方向を向いて、一緒に共感し、同じ話題を同じように笑顔で話せる、お互いに、ありがとうと言い合えるような関係でいられたら幸せです。

私たち夫婦にも、必ずお別れする日はやってきます。それがいつかわからないからこそ、日々を大切に過ごしていきたいと思っています。

後悔は必ずあると思いますが、その後悔が少しでもなくなるように日常を大切に過ごしていきたいのです。その日が来るまで、主人とたくさん「人生」を楽しみたいと思います。

「地球を遊び」、「夫婦を楽しむ」。

これからも私たち夫婦の「冒険」は続きます。

夫婦で何気ない日常を、穏やかにたおやかに過ごせたら幸せです。もちろん笑顔と共に。

「愛し、愛され」生きていきます。

おわりに

最後までお付き合いいただき、ありがとうございました。

日ごろYouTube「鎌倉スローライフ」やInstagramをご覧いただいている方々、読者の皆さんのことを想像しながら、今までのことや何気ない日々のことを綴ってきましたが、いかがでしたでしょうか。

何かひとつでも、ご自身の生活に役立ちそうなヒントがあったらと思います。

幸せとは結局のところ、日々、自分が何を選び、どう振る舞うかによるのだと思います。

たとえ嫌なことがあっても、すぐに笑顔を取り戻して、心を前向きにリセットするか。それとも、いつまでもイライラしたり怒ったりして、しばらく何も前向きに考えられないときを過ごすか。

すべては自分の選択次第です。

そうわかっていても、なかなか思うようにいかないのも人間。

でも、まず笑顔を心がけることなら、今日からでもはじめられるのではないでしょうか。


笑えない日があってもいい。

そんな中でも、「そうだ。笑顔だ」と思うだけでいい。

こうして徐々に笑顔を意識し、それが幸せを運ぶということを、ちょっとでも実感できるようになったら、きっと笑顔は自分の心の整え方として定着し、いつでも自分を救ってくれるものになるでしょう。


本書を書くことを通じて日々を振り返ってみると、いかに私は恵まれ、生かされてきたかと改めて思います。

決して多くを語らなかったけれど、いつも私の自由にさせてくれた父。

妻として母として大事なことを、自らの背中で教えてくれた母。

もちろん、私たち夫婦のところに生まれてきてくれた息子と娘からも、多くを学ぶ日々です。世界一周の旅から帰ってきたときには、2人とも、また一回り大きく成長して、いろんなことを聞かせてくれるでしょう。

そして何より、主人に最大の感謝を伝えたいと思います。主人は、未熟な私を成長させてくれる唯一無二の存在です。

私と出会ってくれたこと。

人生を共に歩むパートナーとして私を選んでくれたこと。

一緒に子どもたちを育て、そして今また、2人きりの生活をゆったりと過ごせていること。

いつも私の幸せを考えてくれること。

すべてに感謝しかありません。本当にありがとう。

最後にこの本を読んでくださった皆さま、改めて、ありがとうございます。

思いがけず「本を書く」というお話をいただいて、いったい何から、どうお伝えしたらよいものかと手探りでしたが、何とかここまで書き上げることができました。ＫＡＤＯＫＡＷ編集担当の根岸さん、ライターの福島さん、たくさんのサポート、本当にありがとうございました。

人それぞれ、きっといろんな事情や思いを抱えて生きていることと思います。思うようにならないこともあるし、気持ちが沈んでしまうこともある。それでも常に自分を保ちながら、皆で心穏やかに暮らしていきたいものですね。そんな願いを込めて書いたこの本が、皆さまの生活の隅を照らす、ささやかな光となりますように。

さあ笑顔で「幸せ、いっぱい創りましょう！」

yumi

レトロ感と四季折々の自然が楽しめる鎌倉ならではの街並みは、ゆったりと流れる時を演出してくれます。

自宅テラスで主人と2人、江ノ島と富士山を眺め過ごす鎌倉スローライフ。

yumi
〜たろたんママ〜

YouTube「鎌倉スローライフ」や「たろたんチャンネル」、自身のInstagram等にて、「たろたんママ」「ママ」として人気を集める。理想の女性、理想の生活スタイルとして高い支持を得ている。

笑顔《えがお》が幸《しあわ》せを運《はこ》ぶ　365日《にち》のていねいな暮《く》らし方《かた》

2024年9月2日　初版発行

著　者　yumi《ゆみ》〜たろたんママ〜
発行者　山下直久
発　行　株式会社KADOKAWA
〒102-8177
東京都千代田区富士見2-13-3
電話 0570-002-301（ナビダイヤル）
印刷所　大日本印刷株式会社
製本所　大日本印刷株式会社

●お問い合わせ　https://www.kadokawa.co. jp/（「お問い合わせ」へお進みください）
※内容によっては、お答えできない場合があります。
※サポートは日本国内のみとさせていただきます。
※Japanese text only
定価はカバーに表示してあります。

ISBN 978-4-04-607047-0　C0095